갈림길
짠한 시간들

갈림길
짠한 시간들

초판 1쇄 인쇄 2025년 11월 28일
초판 1쇄 발행 2025년 12월 15일

신고번호	제313-2010-376호
등록번호	105-91-58839

지은이	강병주

발행처	보민출판사
발행인	김국환
기획	김선희
편집	현경보
디자인	김민정

ISBN	979-11-6957-422-8	03810

주소	경기도 파주시 해올로 11, 우미린더퍼스트@ 상가 2동 109호
전화	070-8615-7449
사이트	www.bominbook.com

• 가격은 뒤표지에 있으며, 파본은 구입하신 서점에서 교환해드립니다.
• 이 책은 저작권법에 의하여 보호를 받는 저작물이므로 무단 전재와 복사를 금합니다.

갈림길
짠한 시간들
찐한 Khan's Metta Song

― 짠한 인생 품다 ―

보민출판사

추천사

　강병주 시인의 명상시집 《갈림길 짠한 시간들》은 독특하다. 시인은 시를 통해 스스로를 구원한다. 그것은 '삶'이라는 각자의 실험의 기록이며, 동시에 한 인간이 고통과 실패, 사랑과 명상을 거쳐 '치유'에 이르는 여정을 담은 서사다. 이 시집은 시와 명상이 서로를 감싸 안으며 호흡하고, 그 호흡이 곧 음악으로 피어나는 신비로운 구조를 지녔다. 독자는 한 편의 시를 읽는 동안 '명상'을 체험하고, 한 줄의 시어 속에서 자기 내면의 소리를 듣게 된다.

　시인은 서문에서 이렇게 고백한다. "시를 쓴다는 것은 숨결과 같이 세상을 살기 위한 들숨이며, 내 안의 감정을 통해 자신을 죽이는 날숨입니다." 이 문장은 시집 전체를 관통하는 키워드다. 그의 시는 들숨과 날숨처럼, 삶과 죽음, 고통과 구원의 순환을 오간다. "한 줄의 시를 들이마시고, 한 구절의 노래를 토해내며" 쓰인 시들은, 살아있는 호흡이자 인간 존재의 증거다.

총 12장으로 구성된 이 시집은 '자기 회복'에서 시작해 '사랑의 해탈'로 나아가며, 마침내 'Metta(자비) 명상'으로 완성된다. 제1장은 상처받은 내면의 아이와 마주하며 자존감을 회복하는 이야기다. 시(詩)「한 눈 파는 날의 명상」에서는 "한쪽 눈 감고 세속을 내려놓을 때 비로소 별빛과 달빛의 노랫가락이 다가온다"고 말하며, 세상의 번잡함 속에서 마음의 평화를 되찾는 법을 보여준다.

제2장 '희망 회복'에서는 시「발 없는 맘이 걷는 꽃길」을 통해 "삶의 길이 가시밭일지라도 그 끝은 마음속 꽃길임을" 깨닫게 한다. 절망을 넘어서려는 인간의 끈질긴 의지를 시로 형상화한 것이다.

제3장 '감사 회복'의 시「다 제 탓입니다」에서는 가난한 시대를 건딘 어머니를 향한 참회의 눈물이 흐른다. "내리사랑에 엎드려 웁니다/ 제 탓입니다/ 다 제 탓입니다"라는 구절에서, 인간의 죄책과 감사, 그리고 회한의 정서가 절묘하게 교차한다. 이처럼 시인의 언어는 회개와 구원의 순

환 안에서 인간의 근원적 감정을 드러낸다.

이후의 장들에서 시인은 외로움과 슬픔, 그리움이라는 감정의 깊은 골짜기를 통과한다. 그러나 그는 그 어둠에 머물지 않는다. "넘어짐은 비상이 되고, 잃음은 해방이 된다"고 노래하며, 상처 속에서 피어나는 회복의 길을 제시한다. 시 「풍선껌 요지경 세상」에서는 일상의 허무함을, 시 「비, 넌 내 눈물이야」에서는 눈물 속의 웃음을, 시 「시인은 사라지기 위해 쓴다」에서는 예술가의 숙명을 이야기한다. 모든 시가 결국 '자기 성찰'이라는 동일한 지점을 향해 있다.

특히 후반부로 갈수록 그의 시는 '명상시'로 변모한다. 언어가 점차 간결해지고, 시는 노래와 호흡의 리듬을 닮는다. 이는 단순한 시의 낭송이 아니라, 읽는 이의 내면을 진동시키는 명상의 파동이다. 시 「찐사랑이라면 다 좋아」에서는 "주는 사랑, 하늘 무게도 버텨주는 날개"라며 사랑의 본질을 자비로 확장하고, 시 「난 시 쫓는 스토커다」에서는 창작의 고통을 수행의 과정으로 승화시킨다. 그리고 시 「다시 태어나는 꿈속이었으면」에 이르러, 실패를 거름으로 삼아 다시 피어나는 인간의 생명력을 노래한다.

이 시집의 정점은 제11장 〈Khan's Metta Song 탄생〉과 제12장 〈'호흡의 만다라 파도' 명상 수련법〉이다. 시인은 티베트와 인도를 떠돌며 깨달음을 구하고, 사랑과 명상의 합일을 통해 시를 '호흡의 예술'로 재탄생시킨다. 그는 말한다. "시는 종이 위의 문장이 아니라, 사람들을 업보의 굴레에서 잠시 풀어주는 소리의 길이다." 이 문장은 문학이 표현의 영역을 넘어 '치유의 도구'가 될 수 있음을 증명한다. 강병주의 시는 종교적 색채를 넘어 인간 존재의 근원적 고독과 구원을 탐색하며, 언어와 음악, 명상이 하나 되는 새로운 예술의 형식을 보여준다.

이 책 《갈림길 짠한 시간들》은 한 시인이 자신의 상처를 꺼내 타인의 마음을 치유하는 '메타 힐링 시집'이다. 삶의 가장 어두운 순간에도 희망의 불씨를 품고 살아온 이들에게, 이 시집은 따뜻한 자비의 손길이 될 것이다. 읽는 동안 독자는 문장 사이로 들리는 북소리와 허밍을 느끼게 될 것이다. 그것은 시인의 숨결이자, 우리 모두의 숨이다.

2025년 11월
편집위원 **김선희**

서문

시인이 시를 쓴다는 것은 숨결과 같이
세상을 살기 위한 들숨이며,
내 안의 감정을 통해 자신을 죽이는 날숨입니다.

인생은 끊임없는 삶과 죽음 굴레에서
홍시처럼 달콤한 날보다는
대부분 씀바귀 뒷맛으로 끝나는 날이겠지만
그에게 진정한 살맛과 죽을 맛을 함께 줍니다.

이 시집은 시인이 살아온 인생의 질퍽한 심연에서
건져 올린 시의 노래이자, 삶의 끝자락에서
명상을 통해 우주로부터 얻는 영생 에너지입니다.

벙어리 냉가슴 앓듯 말 못했던 긴 시간 속의 침묵들,
가슴속 짓누르던 생채기들로 방황하는 모든 분들에게
이 시가와 명상으로 말끔히 치유되길 바랍니다.

한 줄의 시를 들이마시고,
한 구절의 노래를 토해내며,
지금부터 명상에 젖어보시기를 바랍니다.

2025년 11월

시인 **강병주**

초대 작가의 추천사

시인은 운다.
슬프고 아픈 시는 시와 노래가 된다.
아픔과 슬픔이 크면 클수록 그 명상은 깊다.

아주 어릴 적부터 작가는
'왜 살아야 하나?' 하고 매일 삶을 후회하며
지금까지 죽음의 벼랑 끝에서 살았다고 한다.

염세적인 삶의 실타래가
태아의 탯줄부터 오래 이어져 왔으니
언젠가 스스로 숨통 줄 끊어지는 것이 운명이려니
생각했다고 한다.

'장금'이라는 노숙인 시인이

생전에 남긴 유일한 시 하나를 읽고

그는 자작시 '마지막 약속 지키려면'으로

작고한 장금 시인과 약속한 시인처럼 살아왔다.

그 후 그는 미친 듯이 울며 시를 썼고

자신이 쓴 시에 곡을 붙여 생명력을 불어넣고

자작 명상곡을 통해 깊은 늪에 빠진 자신을 치유했다.

2025년 11월

초연 **김은자** 문예춘추 회장

목차

추천사 • 4
서문 • 8
초대 작가의 추천사 • 10

제1장. 자기 회복

한 눈 파는 날의 명상 • 21
시가정에 울리는 빗물 소리 • 26
훈훈한 시니어 리필 커피 • 30
잠적해서 멍때리기 • 36
회고록 (1) • 42

제2장. 희망 회복

발 없는 맘이 걷는 꽃길 • 49
무관심이 관심보다 나은 까닭 • 54
숨 내려놓고 사는 삶 • 59
접시 춤추며 함께 서다 • 62
별바라기 춤사위 • 66

제3장. 감사 회복

별바라기 감사 기도 • 73
내 밖에 너로 보내니 • 77
시 한 수 영겁에 닿는다 • 81
다 제 탓입니다 • 85
찰나보다 빠른 구원 • 89

제4장. 외로움 치유

풍선껌 요지경 세상 • 97
눈에 담는 밤비 • 101
바람맞은 꿈과 시 • 105
욕망의 벼랑에 서다 • 109
소리 없는 몸짓, 발광 • 113

제5장. 슬픔 치유

동무야 잘 가게나 • 121
비, 넌 내 눈물이야 • 127
손거울에 떨군 눈물 • 131
갈림길 찐한 시간 • 135
솔향 풍기 밤 손님맞이 • 139
- 막장 생이별 실루엣 • 141

제6장. 그리움 치유

빗소린 흐느끼는 몸부림 • 149

짝꿍 인연과 거래 파기 • 153

봄 떠난 시어들 • 157

하얀 그림자 선서 • 160

시인은 사라지기 위해 쓴다 • 164

제7장. 스트레스 해소

쩐사랑이라면 다 좋아 • 171

떼창 군무 - 광분기 (1) • 175

달콤 새롬 그리고 낯섦 • 180

나그네 술맛 풍기는 삶 • 183

시와 씨름하며 쓴다 • 188

제8장. 감정 순화

사랑의 쌈박질 • 195

AI 꽃, 신혼의 꿈 품으리 • 199

난 시 쫓는 스토커다 • 203

다시 태어나는 꿈속이었으면 • 207

울림에 떠는 침묵 • 210

제9장. 초대 작가전(초연 김은자 시인)

하루치 그리움 • 217

연모의 살갗 • 220

어둠의 물살 • 224

양수 같은 온천수 • 227

묵어도 새순처럼 • 230

제10장. 작고 작가전

참회록 • 237

거울 • 241

돌담에 속삭이는 햇발 • 245

절정 • 248

나의 생애에 흐르는 시간들 • 251

제11장. 소설

Khan's Metta Song 탄생 • 256

제12장. '호흡의 만다라 파도' 명상 수련법 • 292

제1장
자기 회복

● **내면의 아이 상처 치유**
- 상처받은 어린 시절 / 보살핌받지 못한 기억

● **자존감 회복**
- 나를 나로서 사랑하기 / 자신을 다독이기

● **삶의 의미 회복**
- 왜 사는지 모를 때 / 공허함 속 작은 의미 찾기

❃ 시 + ♫ 노래	☸ 명상
25분 52초	1시간 17분 58초

자기 회복 시와 노래, 그리고 명상

1. 한 눈 파는 날의 명상

✢ 시(Poem)	♪ 노래(Song)	✿ 명상(Meditation)
2분 23초	7분 38초	17분 42초

 스마트폰으로 스캔하세요.

2. 시가정에 울리는 빗물 소리

✢ 시(Poem)	♪ 노래(Song)	✿ 명상(Meditation)
1분 1초	4분 29초	21분 55초

 스마트폰으로 스캔하세요.

3. 훈훈한 시니어 리필 커피

✻ 시(Poem)	♫ 노래(Song)	❀ 명상(Meditation)
2분 33초	5분 13초	12분 46초

 스마트폰으로 스캔하세요.

4. 잠적해서 멍때리기

✻ 시(Poem)	♫ 노래(Song)	❀ 명상(Meditation)
1분 19초	3분 54초	13분 34초

 스마트폰으로 스캔하세요.

5. 회고록 (1)

✻ 시(Poem)	♫ 노래(Song)	❀ 명상(Meditation)
1분 19초	3분 54초	13분 34초

 스마트폰으로 스캔하세요.

시 제목

한 눈 파는 날의 명상

시와 노래 감상

	✲ 시(Poem)	🎵 노래(Song)
스마트폰으로 스캔	2분 23초	7분 38초

추천 한마디

한쪽 눈 감고 세속을 내려놓을 때 비로소 별빛과 달빛의 노랫가락이 다가온다. 숨결 따라 흐르는 명상의 선율이 우주와 맞닿으며, 삶에 감사와 평온을 불어넣는 시적 풍류의 아름다움이 펼쳐진다.

한 눈 파는 날의 명상

손과 눈, 귀에 걸칠 노리개
넌 내 개인 특급 비서

색다른 시절 오면
한 눈 감고 살아도 되지

달빛에 흐르는 실바람
천상의 노랫가락

별들이 주파수 맞히고
초승달 코에 앉아 듣겠지

한 눈은 세상일 보고
다른 눈 감고 신바람 느껴봐

한 손은 일손 놓고
다른 손 밤 풍류 더듬어봐

함께 나눌 수많은 AI 앱들
별 꿈 넘치는 신세계

힐링 시와 노래 그리고 춤
묵언의 명상에 숨죽이고

숨결 선율 타고 맞는
별 보는 꿈 이루어지리라

한 눈 속 명상 속에 펼쳐지는
궁금한 별나라 이야기

신기루 같은 꿈이라도
함께 있음에 감사할 따름

내 앞에서 한 눈 뜨고
숨만 쉬는 그날 기다릴 테요

두 귀에 맺히는 풍경 소리

마지막 날 넘기는 오늘 되고

숨소리 장단 맞추는 그날

영원을 명상할 내일 될 거야

명상하기

 스마트폰으로 스캔	🪷 **명상**(Meditation) 17분 42초

 힐링 포인트

무거운 일상과 번잡한 세상사를 반쯤 눈 감듯 내려놓으며 내면의 고요를 회복하는 법을 일깨운다. 별빛과 바람의 노래 결이 영혼을 감싸듯, 치유의 에너지는 작지만 깊게 스며들어 삶의 상처를 달래며 새로운 희망을 불러온다.

만다라
영상 이미지

시 제목

시가정에 울리는 빗물 소리

시와 노래 감상

	✵ 시(Poem)	♫ 노래(Song)
스마트폰으로 스캔	1분 1초	4분 29초

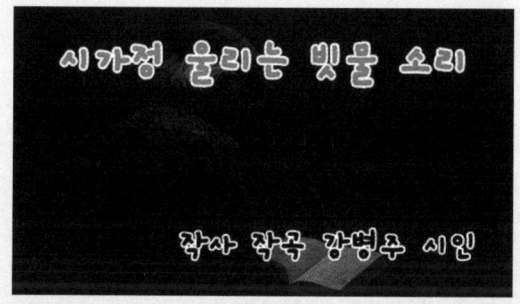

추천 한마디

은하수 속에 묻힌 눈물과 빗줄기는 시인의 영혼에서 울려 퍼진다. 천상의 악보와 지상의 단조가 교차하며, 삶의 고통을 예술로 승화시킨 장엄한 울림이 깊은 감동을 전하는 서정의 명작이다.

시가정에 울리는 빗물 소리

밤하늘에 묻힌
암흑의 은하수
별빛은 시집에 덮인 채
님이 쏟은 눈물만 내리네

빗줄기 하나마다
한 음절씩 울려오는
가슴 때리는 장단, 그건
슬플 때 불렀던 그대의 단조

목 매인 침묵 거슬러
은빛 음률이 퍼지면
밤은 천상의 악보 펼치고
시인의 울음인가 빗방울인가

지상과 천상이 나누어 쓴
시에 노래 더듬어 얹은 게

그대의 손길에 따라

숨은 별님과 달님의 합창인가

명상하기

🪷 명상(Meditation)
21분 54초

스마트폰으로 스캔

힐링 포인트

한 음절마다 떨어지는 빗소리를 통해 슬픔은 선율로 바뀌고, 절망은 새로운 희망의 화음이 된다. 하늘과 땅이 나눈 노래 속에서 우리는 상처의 무게를 내려놓고, 고통을 예술로 바꾸는 지혜를 배우며 영혼의 맑은 치유를 경험한다.

만다라
영상 이미지

시 제목

훈훈한 시니어 리필 커피

시와 노래 감상

	✼ 시(Poem)	🎵 노래(Song)
스마트폰으로 스캔	2분 34초	5분 13초

추천 한마디

낯선 타국의 버거숍, 서툰 발음과 불편한 시선 속에서도 시니어 커피 한 잔이 전하는 온기는 크다. 주름진 세월에도 용기와 웃음을 잃지 않고 도전하는 삶의 땀방울이 따뜻한 울림으로 다가온다.

훈훈한 시니어 리필 커피

버거숍에서 몸 둘 곳 모른다

생소한 영어 발음에 하얘지고

똑같은 단어 혀끝에서 맴돌고

피부색에 낯가림도 심하고

배고픈지 알송 달성해지고

먹으면 부르기는커녕

그 전보다 더 허기졌다

까만 돌, 큰 돌 솎아내고

끼니로 밥만 먹고 살았지

케첩 바른 빵 두 쪽

일찍이 입천상 두드렸다

딴 나라 오니 버벅거린 나

머리에 스치는 게

집에 먹다 남은 찬밥

전월 지급 못한 외상값

돈은 몸 생각하고

몸은 돈 생각하고

주제넘은 배려심에 웃는다

집은 역에서 걸으니

배고플 거라고

먹자고 결정 내린다

내 몸 하나 이뻐하지 못했다

훗날 홀대한 내 몸이 불쌍하였노라

쉰여섯 살 나이에…

신세 고달팠어

몸이 망가졌어

돈에 찌들었어

머리 꽉 막혔어

한계를 넘어야 도전일 테지

시니어와 이십 대

선진국 네이티브들과 싸워

한국 용병 태극기 꽂으러 왔다

여봐라

이리 오너라

용기 돋아줘야 했어

말로만은 안 통했어

시니어 커피로 맘 달래본다

시니어 커피 일 달러
리필 또한 시니어 배려
버거 하나와 커피 한 잔
리필로 하루 몸속 단장한다

버거 하나와 커피 한 잔
리필로 하루 몸속 단장한다

명상하기

스마트폰으로 스캔

🪷 명상(Meditation)
13분 34초

힐링 포인트

삶의 고단함과 문화적 장벽 앞에서도 작은 배려와 리필 커피의 온기는 하루를 버틸 힘이 된다. 시련을 맞서 싸우는 용기가 곧 치유의 힘이 되고, 웃음 속에서 상처는 회복되며, 세대와 국경을 넘어선 새로운 희망을 심어준다.

만다라
영상 이미지

시 제목

잠적해서 멍때리기

시와 노래 감상

	✤ 시(Poem)	♫ 노래(Song)
스마트폰으로 스캔	2분 20초	3분 54초

추천 한마디

비바람 속에 흩날린 세월과 사라진 사랑을 품고, 묵언의 길로 사라지는 모습은 회한과 고독의 서사다. 그러나 멍때림 속의 고요는 지난 상처를 어루만지며, 자기성찰의 귀한 시각을 열어준다.

잠적해서 멍때리기

비바람에 옷깃 날리고
오뉴월 가랑비 맞으며 천상을 걷고
동여맨 옷매무새 풀어 놓고
양재천 샅샅이 훑기 딱 좋은 시간

슬픈 나의 길 위해
질긴 인연 끊고 눈 딱 감고 스쳐 가버린
한 해에 힘부쳐 손 놓고
세월에 몸 던지고 우는 벙어리 냉가슴

물안개 자욱한 구룡산에
칙칙한 빗길 질러가는 버스들 피해
나 모르새 지금 멀리라도
가볼 셈으로 전화 끊고 잠적

초저녁에 빗줄기 사이
환하게 켜진 대기업 현대, 엘지, 삼성

사무실 전등불과 늦은 밤거리
거니는 산 사람 멍때리는 시간

찾아도 없고 기다려도 오지 않는
님 찾는 애달픈 목소리로
남의 짝 두고 날아가니
눈가에 젖은 눈물 연기되어 허공에 떠돎

손 발짓에 넋 잃고 맺혀진
땀방울을 베란다 바람에 식히고 있을 때
구순만큼 해묵은
익숙한 손실로 쳐 내려신 옷깃 여밈

난간에 핀 장미꽃 고개 꺾고
숙연해지면 노인은 달밤 아래
적막한 주마등 문전에서
상념에 젖을 무렵 스쳐 가는 지난 세월

빗물 낙수 소리에 따라서

훌쩍이는 서러움 북받쳐 올 때

맥없이 떨어져서 쌓인 후회를

지려 밟고 손 넣고 고개 떨구고 밟는 배회

야밤에 홀로 꽁꽁 얼어붙은

지존감 촛불에 타는 아로마 향에

고풍스런 가문의 그윽한 맛을

입 조아리며 노년을 바라보며 음미

소쩍이는 님 사랑을 약조 받기 위해

자기 꿈 꺾고 단짝 찾아 날으며

분에 차고 넘치는 내 님

몰래 끓는 정 삭히는 한 맺힌 흠모

남몰래 콜록대는 슬픈 사연

편지에 숨긴 채 추억을

친구들과 함께 태운 재와 홀로
님 생각에 젖어 넋 놓고 마시는 한 잔의 술

늦서리 입김으로
새벽 첫차 출발할 즈음
이슬비 맞으며 님 잊으려 다시 각오하며
동트기 전 미지의 잠수처로 묵언의 출발

명상하기

	🪷 **명상(Meditation)**
스마트폰으로 스캔	12분 5초

힐링 포인트

끊어진 인연과 쌓여온 후회 속에서도 잠시 멈추어 고요히 자신을 마주할 때 상처는 서서히 풀린다. 비바람과 빗물처럼 지나간 세월을 흘려보내며, 멍하니 바라보는 순간 속에서 새로운 길을 찾고, 묻혀 있던 아픔은 치유된다.

만다라
영상 이미지

시 제목

회고록 (1)

시와 노래 감상

	✼ 시(Poem)	🎵 노래(Song)
스마트폰으로 스캔	1분 19초	5분 52초

 추천 한마디

사랑과 야망, 세월과 침묵이 교차하는 길 위에서 시인은 묵언의 수레를 끌고 간다. 꺼지지 않는 등불 같은 영혼의 고백은 헛된 희망 속에서도 꺼지지 않는 생의 의지를 노래한다.

회고록 (1)

사랑아!
너와 같은
빈 수레에 속울음 멈춘다

덧칠한
굴레일지라도
묵언 수행자는 침묵한다

야망아!
헛된 희망으로
가시 위 고문처럼 걷는다

덧남은
기대의 무게
말 없는 미련은 무너진다

바람에

흔들린 등불
폭풍에도 꺼지지 않는다

세월아!
때가 되었다
돌아오지 않을 여정이다

지워진
낙서 같은 나
침묵의 숨결 가늘어진다

명상하기

🪷 명상(Meditation)
13분 34초

힐링 포인트

덧없는 꿈과 무너진 기대 속에서도 등불은 바람에 흔들리지만 꺼지지 않는다. 세월의 흐름을 받아들이는 지혜 속에서 우리는 삶의 무게를 견디고, 침묵 속에 숨은 생명의 힘을 느끼며 영혼의 상처를 회복하고 더 단단히 선다.

만다라
영상 이미지

제2장
희망 회복

- **우울에서 나아가기**
- 괜찮지 않아도 괜찮아 / 오늘이 다가 아님

- **새 출발의 감정**
- 이직·이사·결심·작별 이후의 새 마음

- **위로의 수용**
- 남의 위로 받기 / 혼자 울어도 좋다는 감정

❉시 + ♪노래	⚘ 명상
22분 52초	1시간 18분 15초

희망 회복 시와 노래, 그리고 명상

1. 발 없는 맘이 걷는 꽃길

� 시(Poem)	🎵 노래(Song)	🪷 명상(Meditation)
1분 22초	6분 52초	8분 47초

 스마트폰으로 스캔하세요.

2. 무관심이 관심보다 나은 까닭

✶ 시(Poem)	🎵 노래(Song)	🪷 명상(Meditation)
2분 7초	4분 14초	5분 6초

 스마트폰으로 스캔하세요.

3. 숨 내려놓고 사는 삶

❊ 시(Poem)	♪ 노래(Song)	🪷 명상(Meditation)
1분 10초	4분 20초	12분 37초

 스마트폰으로 스캔하세요.

4. 집시 춤추며 함께 서다

❊ 시(Poem)	♪ 노래(Song)	🪷 명상(Meditation)
2분 17초	3분 21초	16분 1초

 스마트폰으로 스캔하세요.

5. 별바라기 숨사위

❊ 시(Poem)	♪ 노래(Song)	🪷 명상(Meditation)
1분 21초	4분 2초	7분 59초

 스마트폰으로 스캔하세요.

시 제목

발 없는 맘이 걷는 꽃길

시와 노래 감상

	✿ 시(Poem)	♫ 노래(Song)
스마트폰으로 스캔	1분 22초	6분 52초

추천 한마디

가시밭길을 지나 꽃길에 다다르는 여정 속에서, 외로움과 무지의 그림자가 드러난다. 그러나 결국 마음속에 꽃길이 있음을 깨닫게 하는 은유의 시적 울림이 인생을 강하게 권유한다.

48

발 없는 맘이 걷는 꽃길

꽃길 걷는 걸음마조차 못했다

어두운 까만 길 함께 걸어봐야
손잡고 뛰기도 기기도 해봐야
돌 턱에 걸려서 넘어져도 봐야
맨발로 가시밭길도 걸어봤어야

가시밭길 끝엔 꽃길일 줄 알았다

난 어두운 골목길만 골라 걸었지
자갈길은 누구나 걷는 줄 알았지
짝 없이 나 홀로 설을 줄 몰랐어
꽃길은 남과 남만 주는 줄 알았어

꽃길은 꿈속 신기루인 줄 알았다

가시밭길이 면류관인 줄

짝꿍이 암수컷 만남인 줄
혼자서 살 수 없는 것인 줄
꽃길엔 낭떠러지 없는 줄

승리와 실패 서로 보고 운다

꽃길이 손에 닿을 곳에 있어
모두 다 아픔이 있단 걸 몰라
끝없이 외롭고 슬픈 길은 싫어
나의 무지도 죄 된단 걸 안다

삶과 죽음 샛길은 소풍 길
태어난 게 가시밭길
하나로 걷는 짝꿍 길
세상 사는 게 꽃밭 길
죽기도 하는 외딴길

사랑이 행복보다 진하였다

내 집 안팎에 없던 꽃밭

나도 함께 걷게 된 것은

꽃길이 내 맘에 있었음을

먼 훗날 뒤안길 걷다 알았기 때문

명상하기

🪷 명상(Meditation)
26분 22초

스마트폰으로 스캔

힐링 포인트

삶의 길이 가시밭일지라도 그 끝은 마음속 꽃길임을 배우게 한다. 외로움, 실패, 무지 속에서도 꽃길은 스스로의 내면에서 피어난다는 깨달음을 통해, 얼룩진 상처를 희망과 사랑으로 치유하고 인생을 긍정하는 법을 알려준다.

만다라
명상 이미지

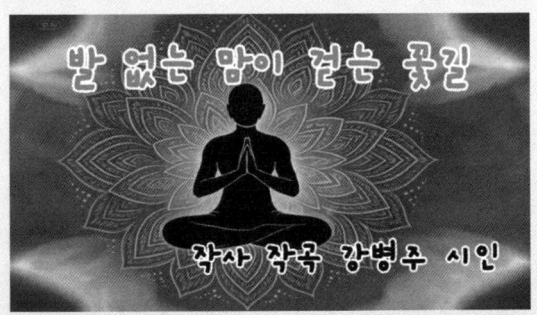

시 제목

무관심이 관심보다 나은 까닭

시와 노래 감상

스마트폰으로 스캔	❀ 시(Poem)	🎵 노래(Song)
	2분 7초	4분 14초

 추천 한마디

끝날 때까지 홀로 시를 쓰기 위해 무관심을 택한 시인은 불타는 진심을 글로 새긴다. 군중의 소리에 흔들리지 않고 외로움을 감내하는 선택이 곧 창조적 고백이자 고독한 자유의 선언이다.

무관심이 관심보다 나은 까닭

무관심이 관심보다 나은 까닭
창조주 시키는 반대로
하늘은 돌아가기 때문인 것

모든 생 마감하고
돌아봐야 그렇단 걸 알 테니

못난 사람은 시키는 대로,
하라는 대로 따르니
선해서 좋단다

끝날 때까지 무관심으로
혼자로 남기 위해
시 쓰는 시인 되려니

속마음은 소수로
다수가 희생되는 걸

자기 숙명처럼 받아들이고

피할 수 없는 타이밍
더 이상 어찌할 수 없을 때
절묘하다고 하는 것

시란 솔직한 진심인
자신 불사르는 열정으로
쓰여지는 것이로다

나 혼자 살아야 하고
나 혼사 할 수 있어야 하고
나 혼자 즐길 수 있어야 하는 일

혼자 외로움 안고 살고
혼자 시 쓰고
혼자 노래할 수 있어야 하는 일

끝날 때까지 무관심으로

혼자로 남기 위해

시 쓰는 시인 되리로다

명상하기

 스마트폰으로 스캔	🪷 명상(Meditation)
	15분 18초

힐링 포인트

무관심은 외면이 아니라 자기 길을 지키는 의지임을 깨닫게 한다. 다수에 묻히지 않고 홀로 서는 용기는 상처를 진실로 승화시킨다. 혼자의 길이 고독일지라도 시를 통해 치유와 자립을 배우며, 내면의 자유를 찾아가는 길을 안내한다.

만다라
영상 이미지

시 제목

숨 내려놓고 사는 삶

시와 노래 감상

	✤ 시(Poem)	♫ 노래(Song)
스마트폰으로 스캔	1분 10초	4분 20초

추천 한마디

생의 무게와 고통을 외면하지 않고 끝까지 버텨내려는 시인의 각오는, 단순한 체념이 아니라 한 호흡 한 호흡에 생의 의미를 불어넣는 강인한 영혼의 자세를 보여준다.

숨 내려놓고 사는 삶

일 잡은 손 놓쳐도 부끄러운 면 감추리

이 목숨 조여와도 넋 놓고 죽음 버티리

삼 앞만 보고 가되 명 재촉하지 않으리

사 재촉하지 말고 숨 몰아쉬지 않으리

오 만족감 없이도 꿈 지키며 살다 가리

육 아프지 않으면 고생길 찾아 즐기리

칠 가식 없는 것이 연 끊겨도 당당하리

팔 고독 함께 살면 죽은 듯이 묻혀 가리

명상하기

🪷 **명상(Meditation)**

12분 37초

스마트폰으로 스캔

힐링 포인트

삶은 고단하고 고독해도 숨을 내려놓으며 버티는 순간 의미를 찾게 된다. 만족 없는 길, 가식 없는 태도, 외로움마저 끌어안는 자세는 상처를 치유하고 내면을 단단하게 세운다. 불안과 고통 속에서 의연함을 배우는 치유의 철학을 전한다.

만다라
영상 이미지

시 제목

집시 춤추며 함께 서다

시와 노래 감상

	✿ 시(Poem)	🎵 노래(Song)
스마트폰으로 스캔	2분 17초	3분 21초

 추천 한마디

꿈과 상처, 배신과 불씨가 얽힌 삶 속에서도 집시는 불꽃처럼 춤춘다. 부서짐과 잃음조차 탄생과 해방의 메타포로 바꾸는 뜨거운 몸짓은, 무너짐 속에서 다시 일어서는 삶을 노래한다.

집시 춤추며 함께 서다

너 사라지면 허기진 내 그림자
우린 엇갈린 착시 속을 걷는다

사랑도 식은 불씨처럼
다시 피어날 줄 모르고

꿈은 다시 새해의 탈을 쓰고
상처의 틈으로 불쑥 피어난다

우린 길 위의 꿈 추적자
맨발로 춤추는 불꽃의 몸짓

고통을 네온 빛으로 바꾸며
부서진 심장도 멈추지 않는다

배신은 거울을 닮아
눈을 피할 수 없다

잠 못 든 밤 깨진 꿈 위에서
우린 말없이 무너진다

하지만 고통이 깊어질수록
꿈은 뼛속까지 맺혀간다

우린 길 위의 꿈 추적자
거친 리듬 속을 가로지르며

슬픔은 후렴이 되고
불씨는 다시 노래된다

넘어짐은 비상이고
잃어버림은 해방이고 부서짐은 탄생이다

숨을 삼켜 끝까지 불러낸다
늙은 심장, 젊은 불… 아직도 춤춘다

명상하기

스마트폰으로 스캔

🪷 명상(Meditation)
16분 1초

힐링 포인트

넘어짐은 비상이 되고 잃음은 해방이 된다. 상처와 배신 속에서도 춤추는 집시의 자유는 치유의 힘을 준다. 고통을 불씨로 바꾸어 꿈을 노래하는 집시의 춤은, 절망 속에서 희망을 길러내며 얼룩진 영혼을 다시 세워 준다.

만다라
영상 이미지

시 제목

별바라기 춤사위

시와 노래 감상

	✽ 시(Poem)	🎵 노래(Song)
스마트폰으로 스캔	1분 21초	4분 2초

추천 한마디

침묵으로 세상을 떠난 시인의 영혼이 별빛 아래 춤추며 후회와 미련을 씻는다. 시의 비석 위에 새긴 고백은 불완전한 삶을 온전히 끌어안는 시인의 운명적 춤사위로 빛난다.

별바라기 춤사위

사는 동안 침묵했던
요절 시인들은 세상 등져야
이름 석 자 빛난다

맘 없는 실언 하나
죽는 게 자신 없으면서
살아있음을 후회한다

깨우친 진실 하나
나 보기에 부끄러워
상상 나래 펴고 날 흔든다

나 홀로 중얼중얼 춤춘다
후회 없이 살았다고
시인의 삶 여한 없다고

시의 비석 세우고

별바라기 춤사위 나래 펴며
하얀 촛불에 혼잣말한다

자욱한 연기 속 잔불 살려
내 영혼의 시비에
아랫글 새기고 싶다

"후회 없다
미완의 삶"

"미련 없다
굴레의 한"

"여한 없다
시인의 여생"

명상하기

🪷 **명상(Meditation)**

7분 59초

스마트폰으로 스캔

힐링 포인트

미완의 삶, 굴레의 한, 시인의 여생을 모두 수용하며 후회 없이 나아가는 태도는 삶의 상처를 품고도 자유롭게 춤추는 길을 가르친다. 별빛 아래에서 고백하는 진실은 불완전한 우리 모두를 위로하며 치유의 별빛이 된다.

만다라
영상 이미지

제3장
감사 회복

- **일상의 감사**
- 평범한 하루가 얼마나 소중한지 / 살아있다는 기쁨

- **관계의 감사**
- 나를 지켜주는 사람들 / 말없이 응원하는 이들

- **과거를 품는 마음**
- 상처였지만 이제는 나를 만든 조각들

☼ 시 + ♪ 노래	⚘ 명상
22분 4초	1시간 18분 15초

감사 회복 시와 노래, 그리고 명상

1. 별바라기 감사 기도

❋ 시(Poem)	♪ 노래(Song)	❦ 명상(Meditation)
1분 29초	4분 31초	6분 38초

 스마트폰으로 스캔하세요.

2. 내 밖에 너로 보내니

❋ 시(Poem)	♪ 노래(Song)	❦ 명상(Meditation)
1분 11초	4분 32초	13분 15초

 스마트폰으로 스캔하세요.

3. 시 한 수 영겁에 닿는다

✤ 시(Poem)	♪ 노래(Song)	🪷 명상(Meditation)
1분 19초	4분	16분 8초

 스마트폰으로 스캔하세요.

4. 다 제 탓입니다

✤ 시(Poem)	♪ 노래(Song)	🪷 명상(Meditation)
1분 16초	4분 36초	20분 9초

 스마트폰으로 스캔하세요.

5. 찰나보나 빠른 구원

✤ 시(Poem)	♪ 노래(Song)	🪷 명상(Meditation)
1분 16초	4분 20초	20분 9초

 스마트폰으로 스캔하세요.

시 제목

별바라기 감사 기도

시와 노래 감상

	✤ 시(Poem)	🎵 노래(Song)
스마트폰으로 스캔	1분 29초	4분 31초

 추천 한마디

어둠과 좌절 속에서도 별빛을 바라보며 감사로 나아가는 기도는 절망을 희망으로 바꾸는 등불이다. 시인의 내적 고백이 독자의 영혼에 별빛 같은 위안을 전한다.

별바라기 감사 기도

아들아

불굴의 자존심
열혈 버티다

몰려온 땅거미
굴욕 덮으니

맨땅을 아랫목
삼아 눕는다

달그림자 숨고
좌절감 감춰

절규에 목 잠겨
쉰 울음 멈춰

별빛 낯가림에
냉가슴 쓸며

산 흔적 지우려
잠적했던 날

망혼 시비 앞에
무릎 꿇으니

아헤야 부르는
모심 날 울린다

명상하기

❀ 명상(Meditation)

26분 22초

스마트폰으로 스캔

힐링 포인트

좌절과 굴욕 속에서도 감사의 기도를 올리는 태도는 삶을 새롭게 한다. 상처받은 마음에 별빛을 비추듯, 고통을 은혜로 바꾸는 지혜를 깨닫게 하고, 감사의 힘이 영혼의 얼룩을 지우며 다시 일어설 용기를 심어 준다.

만다라
영상 이미지

시 제목

내 밖에 너로 보내니

시와 노래 감상

	❀ 시(Poem)	🎵 노래(Song)
스마트폰으로 스캔	1분 11초	4분 32초

추천 한마디

사랑의 불씨를 끝까지 껴안고 새로운 생명으로 이어주는 서사는, 날갯짓처럼 뜨거운 기도와 헌신으로 엮어진 시인의 순례이다. 불완전한 사랑조차도 희망의 씨앗으로 남는다.

내 밖에 너로 보내니

주는 사랑
러브 버거인 삶
짝꿍 일체 한 몸에 태우고

꽁지 잡고
날아다니다가
불빛 찾아온 세상 누리다

눈 떠보니
추락한 땅 위
허공에 사랑한 궤적 남기고

날갯짓은
바위도 부술
잉태 향한 열정은 기도이니

쓰러져 가도

사랑의 일기에

한 글자 두 글자 채워 넣고

잡은 줄 풀고

이젠 놓아주마

여정 끝에서 새 생명 받고

이승 넘어

자유의 몸으로

눈 감으면 저승을 품으리

명상하기

🪷 **명상(Meditation)**

13분 15초

스마트폰으로 스캔

힐링 포인트

추락 속에서도 사랑을 기록하고 끝내 놓아주는 과정은 치유의 여정이다. 허공에 남은 궤적처럼 상처도 의미가 된다. 이 시는 우리에게 집착을 내려놓고 사랑을 기도로 승화시켜, 영혼의 자유와 새로운 시작을 배우게 한다.

만다라
명상 이미지

시 제목

시 한 수 영겁에 닿는다

시와 노래 감상

	✤ 시(Poem)	🎵 노래(Song)
스마트폰으로 스캔	1분 19초	4분

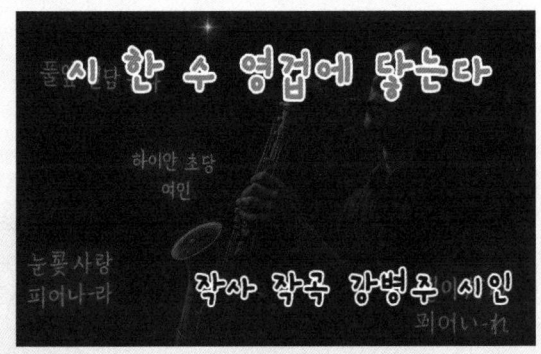

추천 한마디

시인의 언어는 먹물로 벗겨낸 허울을 넘어, 은하수 타고 영겁에 닿는다. 절망을 뚫고 솟은 시어는 하늘을 울리는 노래가 되어, 영원을 향한 진정한 고백으로 빛난다.

시 한 수 영겁에 닿는다

삶의 욕정
화근의 무릎
굴욕에 끓는다

검은 허울
시로 벗겨서
별밤에 묻는다

먹물 묻힌
붓끝에 시어
수화로 읊는다

별빛 침묵
노래 심으면
하늘 울먹인다

시인이란

죽어야 사니
맘 태워 던진다

시어 한 줄
은하수 타고
우주에 퍼진다

우주 걸고
남긴 시 한 줄
영겁에 닿는다

명상하기

	🪷 **명상(Meditation)**
스마트폰으로 스캔	13분 15초

 힐링 포인트

굴욕과 고통조차 시로 승화시킬 때, 영혼은 우주에 닿는 자유를 얻는다. 한 줄 시어가 은하를 타고 흐르듯, 우리의 상처도 언어와 진실로 녹아내린다. 시는 삶을 새롭게 바라보게 하고, 존재를 영원과 연결해 치유의 길을 연다.

만다라
영상 이미지

시 제목

다 제 탓입니다

시와 노래 감상

	✱ 시(Poem)	🎵 노래(Song)
 스마트폰으로 스캔	1분 16초	4분 37초

추천 한마디

가난 속에서 자식을 키운 어머니의 눈물과 사랑을 되돌아보며, 뒤늦게 깨닫는 자식의 참회는 바람막이 같던 부모의 은혜를 기리며 뼈아픈 울림을 전한다.

다 제 탓입니다

칼바람 불던 달동네
장작불 아궁이
메케한 불쏘시개 속에
사 형제 키웠다네
내리사랑에 엎드려 웁니다

제 탓입니다 다 제 탓입니다
어머니께 못 드린 사랑
무조건 주신 그 사랑에
불효자 용서를 빕니다

어머니 받은 서러움
가슴에 삭히며
가난한 봉지 밥
담긴 눈물 알았다네

제 탓입니다 다 제 탓입니다

생전 다 못하신 사랑

등불 꺼질 그 순간까지

바람막이셨습니다

발 씻기던 어머니

손 보듬지 못하고

백바지 칼 줄 세우던

아버지 바람기

애끓던 사랑도 제 탓입니다

아아아 어머니

숨결의 향기

들숨에 키우신 사랑

고맙단 말 이제야

어머니 들리시나요

다 제 탓입니다

생전 어머니 목소리 다 생생합니다

명상하기

스마트폰으로 스캔

🪷 명상(Meditation)
20분 9초

힐링 포인트

부모의 사랑을 다 갚지 못한 회한은 치유의 눈물이 된다. 제 탓이라 고백하는 참회 속에서 효도의 진정한 의미를 깨닫고, 미완의 사랑을 되새기며 상처 난 마음을 치유한다. 부모의 헌신을 기억하는 순간, 영혼은 따스한 빛으로 회복된다.

만다라
명상 이미지

시 제목

찰나보다 빠른 구원

시와 노래 감상

	✱ 시(Poem)	♪♫ 노래(Song)
스마트폰으로 스캔	1분 16초	4분 20초

추천 한마디

죽음과 삶의 경계에서 찰나보다 빠른 구원이 찾아온다. 친구의 죽음이 내 삶을 대신 살린다는 메시지는 생사의 문턱을 넘어선 묵직한 은유로 다가온다.

찰나보다 빠른 구원

세상 문턱 넘어
새로 밟는 신세계
눈 감고 떠나봐야 아는 것

공장 문 닫을 시간 없이
주인 떠나보낸 혼령
작별 내내 뒷덜미 잡는다

귀갓길 트럭 기사 된 혼령
차 충돌로 날 죽일 순간
냅다 앞질러 살게 한 것은

사자 동행 명단에서
황천길 피한
친구 주검 대가인 삶이다

생사 갈린 기로

내 판단 영 점 오 초지만
망자의 구원은 더 빠르다

피라미드 영혼인들
잠든 미라 못 깨우듯
이승 뒤안길로 떠난 친구

소풍처럼 살다 보면
짐 몽땅 놓고 끌려오니
답 없는 문제 덮고 살란다

명상하기

 스마트폰으로 스캔	🪷 **명상**(Meditation)
	20분 9초

힐링 포인트

죽음의 그림자 속에서도 타인의 희생이 내 삶을 지켜주었음을 기억하는 것은 겸손과 치유의 길이다. 삶은 덧없고 죽음은 필연이지만, 그 경계에서 주어진 생명은 은혜이자 선물임을 일깨우며, 상처받은 영혼에 삶의 소중함을 새긴다.

만다라
영상 이미지

제4장
외로움 치유

● 존재의 고립감
- 혼자라는 느낌 / 이해받지 못한 정서적 고독

● 관계 단절의 상처
- 이별 후 허무함 / 친구와의 거리감 / 소외감

● 심리적 소리 없음
- 내면의 정적 / 누구도 내 애기를 듣지 않을 때

시 + 노래 — 25분 27초

명상 — 1시간 13분 22초

외로움 치유 시와 노래, 그리고 명상

1. 풍선껌 요지경 세상

✻ 시(Poem)	♪ 노래(Song)	✿ 명상(Meditation)
1분 47초	6분 12초	19분 10초

스마트폰으로 스캔하세요.

2. 눈에 담는 밤비

✻ 시(Poem)	♪ 노래(Song)	✿ 명상(Meditation)
1분 21초	5분 29초	15분 11초

스마트폰으로 스캔하세요.

3. 바람맞은 꿈과 시

✷ 시(Poem)	♫ 노래(Song)	⚘ 명상(Meditation)
1분 35초	4분 36초	20분 9초

 스마트폰으로 스캔하세요.

4. 욕망의 벼랑에 서다

✷ 시(Poem)	♫ 노래(Song)	⚘ 명상(Meditation)
1분 25초	3분 48초	22분 29초

 스마트폰으로 스캔하세요.

5. 소리 없는 몸짓, 발광

✷ 시(Poem)	♫ 노래(Song)	⚘ 명상(Meditation)
1분 35초	5분 1초	24분 40초

 스마트폰으로 스캔하세요.

시 제목

풍선껌 요지경 세상

시와 노래 감상

	♣ 시(Poem)	♬ 노래(Song)
스마트폰으로 스캔	1분 47초	6분 12초

추천 한마디

달콤함 속에 씹히다 버려지는 풍선껌처럼, 욕망과 일상의 허무를 비추는 시는 요지경 같은 세상에서 진실을 찾아야 함을 은유적으로 보여준다.

풍선껌 요지경 세상

입이 허하니
껌으로 풍선 불어
요지경 세상 들여다보자

은박지 싼 껌 하나 벗길 때
손가락 떨림 느끼고
딸기 특유한 향기 뿜는다

단맛에 입 속에서 씹히는데
첫맛부터 익숙한 느낌이다
침이 도니 쩍쩍 소리 난다

한참 쫀득한 맛 만끽하는데
전화벨 소리에
요지경 세상에서 깬다

언제 그랬나 싶게

눈에 익숙한 벽 모퉁이에
씹던 껌 붙인다

통화 끝나자마자
벽에 붙어 있던 껌
무심결에 입에 다시 넣는다

핸드폰 누르며 딴짓하다가
요지경 세상 재미없어
대충 껌 싸서 버린다

씹어야 하는 원초적 본능에
오렌지 향 풍선껌으로
다른 요지경 기대하면서…

한마디 중얼거린다
"난 요지경 세상을 보지만
남의 껌이 되긴 싫어"

명상하기

스마트폰으로 스캔

🪷 명상(Meditation)
19분 10초

힐링 포인트

세상은 달콤하지만 금세 사라지는 풍선껌과도 같다. 익숙한 반복 속에서도 무심히 흘려보내지 않고, 진정한 가치를 붙잡는 법을 배운다. 일상의 허무와 공허를 성찰하며, 욕망에 휘둘린 상처를 깨달음과 자각으로 치유한다.

만다라 영상 이미지

시 제목

눈에 담는 밤비

시와 노래 감상

	✤ 시(Poem)	🎵 노래(Song)
스마트폰으로 스캔	1분 21초	5분 29초

추천 한마디

밤비에 젖은 창가의 풍경은 그리움과 애정의 결핍을 노래한다. 작은 빗방울과 눈빛 속에 담긴 사랑의 메아리가 독자의 마음에 촉촉이 스며든다.

눈에 담는 밤비

밤손님 눈에 맞으니
콧노래 장단 적신다

눈동자에 맺히는 미소
결핍 애정 반 갈린다

빗 사이로 타고 온 손 편지
박하 향 범벅인 애교다

가로등 눈부신 몸짓
손 바람난 촉감 떤다

속눈썹 깜박일 순간
이름자에 입 맞춘다

빗소리에 멈춘 발자국
창문 틈새로 스친다

새벽 코 고는 잠긴 목청

빗발치는 소리 묻힌다

명상하기

스마트폰으로 스캔

🪷 명상(Meditation)
15분 11초

힐링 포인트

결핍된 사랑과 그리움조차 치유의 언어가 된다. 빗방울과 눈빛 속의 따뜻한 감각을 붙잡으며, 우리는 소소한 일상의 순간에서 위안을 얻는다. 이 시는 비와 눈동자의 은유로 마음의 상처를 달래며, 잊힌 사랑조차도 따뜻하게 회복시킨다.

만다라
영상 이미지

시 제목

바람맞은 꿈과 시

시와 노래 감상

스마트폰으로 스캔	☘ 시(Poem)	🎵 노래(Song)
	1분 35초	4분 36초

추천 한마디

별빛과 이슬, 초승달과 천사의 노래가 어우러진 시는 바람맞은 꿈조차 시와 노래로 피어나는, 낭만과 회복의 환상적 무대를 펼쳐낸다.

바람맞은 꿈과 시

짝꿍 해후에
바람맞은 날

집 떠나 땅거미
잠자리 삼아

포근한 구름째
이불로 덮고

푹신한 수풀 위
벌러덩 누워 본

새벽이슬 입질
월척 낚는 날에

별 이별 오작교
사랑 인연 엮어

은하수 별똥 빛
점점이 떨구며

초승달에 시비
시 한 수 걸치니

내 노래 나발로
천사 날 깨운다

명상하기

 스마트폰으로 스캔	🪷 **명상(Meditation)**
	22분 29초

힐링 포인트

꿈이 바람에 흔들리고 사랑이 이별로 무너져도, 그것은 시와 노래로 되살아난다. 자연의 이슬과 별빛이 고통을 감싸듯, 우리는 시를 통해 아픔을 예술로 바꾸는 힘을 배운다. 좌절조차도 새 출발의 자양분임을 깨닫게 하며 상처를 치유한다.

만다라
영상 이미지

시 제목

욕망의 벼랑에 서다

시와 노래 감상

	✤ 시(Poem)	🎵 노래(Song)
스마트폰으로 스캔	1분 25초	3분 48초

 추천 한마디

사랑과 우정, 욕망의 경계에서 흔들리며 후회의 깊이를 마주하는 시는, 벼랑 끝에서 비로소 인간의 나약함과 순수한 마음을 드러내는 고백으로 울린다.

욕망의 벼랑에 서다

님 홀로 등불 켜고
사랑은 아름다웠다

숨 멎듯 입술 닫고
아가페 눈물 삼킨다

떨린 손 벗은 마음
허기 찬 침묵이었다

우정 선 그어 놓고
넘지 못하는 순애보

백기에 깊은 후회
사랑에 지쳐 떠났다

허공에 님 눕히고
욕망의 벼랑에 서다

떨다가 홀로 걷는

나그넷길 같은 사랑

명상하기

🪷 명상(Meditation)

22분 29초

스마트폰으로 스캔

힐링 포인트

욕망은 우리를 벼랑으로 몰지만, 그 끝에서 깨닫는 것은 순수한 사랑의 진실이다. 상처받은 마음을 정직하게 바라볼 때, 욕망의 어둠은 사라지고 내면은 성숙해진다. 후회와 절망 속에서도 순수의 빛을 붙잡는 치유의 길을 안내한다.

만다라 명상 이미지

시 제목

소리 없는 몸짓, 발광

시와 노래 감상

✻ 시(Poem)	🎵 노래(Song)
1분 35초	5분 19초

스마트폰으로 스캔

소리 없는 몸짓, 발광
강병주 시인

추천 한마디

어둠을 깨는 불꽃 같은 몸짓은 결국 사라져도, 빛 울림으로 남는다. 침묵 속 빛의 노래가 존재의 의미를 새긴다. 길을 비추려는 고독한 영혼의 발광은 묵직한 울림으로 남는다.

소리 없는 몸짓, 발광

불꽃 한 점 어둠을 깨도
사랑 길 막히다

빛의 숲길 이정표 되어
몸짓 빛 태우다

단내 바람 잎새에 머물다
홀로 길 떠나다

등불 품고 뒤를 비춰도
소리 없이 가다

허공 속을 노래도 없이
불 밝혀 헤매다

마침내 밝힌 이름 없는 불
사라져 버리다

끝의 어둠 누굴 비추다

짝 잊어버리다

명상하기

🪷 명상(Meditation)
24분 23초

스마트폰으로 스캔

힐링 포인트

소리 없이 사라지는 불꽃 같은 삶은 덧없지만, 그 빛은 누군가의 길을 밝힌다. 이 시는 허무 속에서도 의미를 찾게 하고, 불완전한 몸짓이 남긴 빛으로 상처받은 영혼을 위로한다. 결국 사랑과 헌신의 불씨가 치유의 불꽃이 됨을 알려준다.

만다라
영상 이미지

제5장
슬픔 치유

● **상실감에서 오는 슬픔**
- 이별·이혼 / 지나간 시절의 그리움

● **자존감 상실에 대한 슬픔**
- 스스로를 비하할 때 / 칭찬에도 기쁘지 않을 때

● **감정적 고립에 대한 슬픔**
- 슬픔을 털어놓을 곳 없는 마음 / 우울한 나날

❀ 시 + ♪ 노래	❀ 명상
23분 20초	1시간 21분 32초

슬픔 치유 시와 노래, 그리고 명상

1. 동무야 잘 가게

❋ 시(Poem)	🎵 노래(Song)	🪷 명상(Meditation)
2분	5분 47초	5분 41초

 스마트폰으로 스캔하세요.

2. 비, 넌 내 눈물이야

❋ 시(Poem)	🎵 노래(Song)	🪷 명상(Meditation)
1분 43초	5분 2초	19분 38초

 스마트폰으로 스캔하세요.

3. 손거울에 떨군 눈물

✤ 시(Poem)	♫ 노래(Song)	❀ 명상(Meditation)
1분 15초	5분 30초	19분 46초

 스마트폰으로 스캔하세요.

4. 갈림길 찐한 시간

✤ 시(Poem)	♫ 노래(Song)	❀ 명상(Meditation)
1분 18초	3분 13초	18분 22초

 스마트폰으로 스캔하세요.

5. 솔향 풍기 밤 손님맞이

✤ 시(Poem)	♫ 노래(Song)	❀ 명상(Meditation)
1분 18초	3분 52초	13분 59초

 스마트폰으로 스캔하세요.

시 제목

동무야 잘 가게나

시와 노래 감상

	✤ 시(Poem)	🎵 노래(Song)
스마트폰으로 스캔	2분	5분 47초

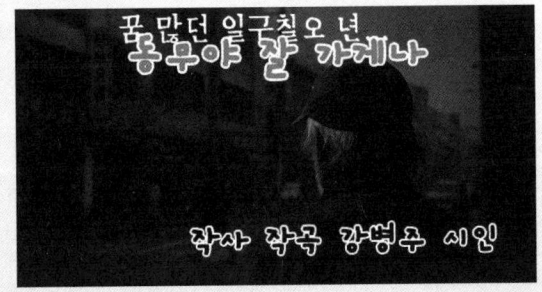

추천 한마디

영화와 벗의 죽음을 겹쳐 그린 시는 삶의 무게와 이별의 고통을 녹여낸다. 슬픔을 국화꽃과 소주로 기도처럼 담아낸 메타포가 독자 가슴을 울린다.

동무야 잘 가게나

꿈 많던 일구칠오 년
몸살 핑계로 잠적한 곳
남영동 성남 극장

사랑의 바이블로
꿈같은 영화 나자리노
여자 주인공, 마리나 마갈리

그녀 일구사칠 년생
나보다 십 년 연상
포스터 사진이 더 익숙해

그땐 영화의 그녀처럼
사랑하면 모두
예뻐지는 줄 알았지

영화의 끝은 모두

몸 바쳐 죽어야 하는 게
사랑인 줄 알았지

오십 년 지난 지금의 나
어찌 살았나?
떠돌이로 반평생 견디었네

친구 한 사람
스스로 떠났다네
그를 동무라 불러주자

서러워 못 견디고 떠났나
못난 사람
나도 버젓이 살아있는데

우리 꿈은 욕심인가
우린 누가 더 슬픈지 몰라
우린 누가 더 아픈지 몰라

다만 넌 떠났고
난 아직 아픈 시 쓰며
울고 있다는 사실이야

동무야
한 송이 국화꽃이
한 잔의 쓴 소주만 하겠나

나자리노 같은 저주도
없는데 슬픈 동무에게
누가 총을 겨누었던가?

함께 눈물 삼켰어야지
피비린내도 견뎠는데…
차라리, 잘 갔네, 동무!

그래, 나자리노처럼

영원한 새 삶 누리게

저주받은 늑대로 살지 말고

지금 팔순이 되어 있을

마리나 마갈리도 나도

동무의 명복을 빈다네

명상하기

스마트폰으로 스캔

🪷 명상(Meditation)
5분 41초

힐링 포인트

떠난 벗을 애도하며 남은 자의 눈물 속에서 우리는 삶과 죽음의 간극을 배운다. 상실의 슬픔은 애도의 의식이 되어 상처를 어루만지고, 친구의 명복을 빌며 자기 삶을 다잡는 치유의 힘으로 전환된다.

만다라
영상 이미지

시 제목

비, 넌 내 눈물이야

시와 노래 감상

	☀ 시(Poem)	🎵 노래(Song)
스마트폰으로 스캔	1분 43초	5분 2초

추천 한마디

비와 눈물을 교차시켜 웃음과 슬픔의 공존을 그린 시는, 서로 다른 삶의 감정을 끌어안는 깊은 은유로 독자에게 따뜻한 공감을 전한다.

비, 넌 내 눈물이야

난 더위 식혀줄 네가 좋은데
왜, 왜, 왜
시인들은 슬프다고 눈물 흘리나

날 떠나보내는 네가
아스팔트 바닥에서
통통 물장구치고 있는데

거기서 지렁이가 압사해
시인의 시심 왜 울리는 거니?

우린 서로 다르단 길 일있어
생김새도 느낌도 모두

우는 사람, 웃는 사람
서로서로 슬퍼하는데

안 보는 데서 웃는다고
미워하지 말아야지

그래, 그래
내 눈물 자국 감출 필요 없지

우린 어우렁더우렁
때론 엎치락뒤치락

둘이 하나인 양
서로 중심의 추로 믿어왔고

각자에 남은 삶
얼마 후 곧 끝날 것이란 걸
아직은 모를 테니까

명상하기

스마트폰으로 스캔

🪷 명상(Meditation)
19분 38초

힐링 포인트

눈물은 감출 것이 아니라 드러낼 때 치유가 시작된다. 비와 함께 흘러내린 눈물은 삶의 고통을 정화하고, 웃음과 울음의 차이를 인정하며 서로를 포용하는 법을 배운다. 이 시는 감정의 진실을 통해 영혼을 치유한다.

만다라
영상 이미지

시 제목

손거울에 떨군 눈물

시와 노래 감상

	☙ 시(Poem)	♪ 노래(Song)
스마트폰으로 스캔	1분 15초	5분 30초

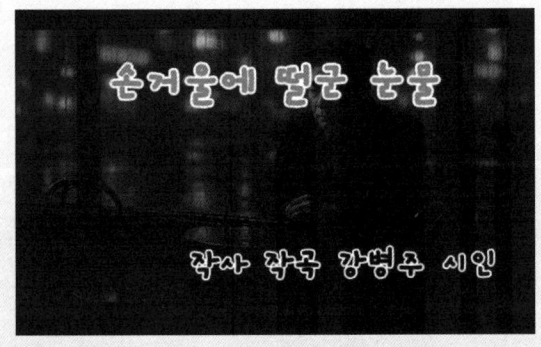

추천 한마디

텅 빈 카페와 흩어진 담배 연기, 찢어진 봉투의 이미지 속에 남겨진 눈물은 배반과 상처의 자취를 드러내며, 독자에게 가시 같은 아픔을 건넨다.

손거울에 떨군 눈물

카페 창가 텅 빈 의자
손 없는 시간이다

담배 연기 은회색 냉담에
뿜어진 흔적이다

레코드판 돌고 헛돌아
정적 소리 울린다

가로등 불 새벽 귀갓길
그림자 사라진다

눈물 편지 찢어진 봉투
날 세운 상처이다

낯선 골목 발자국 소리
뒤태 실루엣이다

시 한 줄로 장미의 배반

돋친 가시 품는다

명상하기

🪷 명상(Meditation)
19분 46초

스마트폰으로 스캔

힐링 포인트

상처와 배신으로 흘린 눈물은 거울처럼 우리를 비춘다. 외로움과 배반을 직시하는 용기를 통해 우리는 내면의 고통을 성찰한다. 이 시는 눈물을 부끄러움이 아닌 성장의 증거로 남겨, 아픔을 회복의 힘으로 바꿔낸다.

만다라
영상 이미지

시 제목

갈림길 찐한 시간

시와 노래 감상

스마트폰으로 스캔	❋ 시(Poem)	🎵 노래(Song)
	1분 18초	3분 13초

추천 한마디

삶의 갈림길마다 남겨진 눈물과 사랑을 품고, 우리는 결국 다시 자신을 향해 걸어가는 법을 배우게 된다.

갈림길 찐한 시간

한 마음 가다 보니
두 갈래 갈라져서
눈물로 정든 손 놓으며 보낸 길

세월 따라 길 따라
갈림길에 갈린 정이야

앞만 보고 달려온
지난 길 돌아보니
가지 않던 길 위로 사라진 인연

세월 따라 길 따라
갈림길에 갈린 정
한 여인 한 눈 팔다 사라진 시간

후회 없는 뜨거움
순진무구 헛된 꿈
백합처럼 떨다 정에 품은 사랑

세월 따라 길 따라
갈림길에 갈린 정이야

나 홀로 가던 외길
둘이서 포기한 날
그 외길 가든가 내쳐야 할 기로

이러한 길 저런 길
걷다가 멈춰 서니
올 것은 오고 말 것도 갈 인생길

이러한 길 저런 길
뛰다가 멈춰 서니
올 것은 오고 말 것도 갈 인생길

명상하기

스마트폰으로 스캔

🪷 **명상(Meditation)**

18분 22초

힐링 포인트

백합처럼 떨리던 사랑, 눈물로 보낸 손길, 놓쳐버린 순간들을 더 이상 자책하지 않고, 외길처럼 느껴지던 고독조차도 결국 자신에게 이르는 길이며, 멈춰 설 수 있는 '여유'가 삶을 더 깊고 넉넉하게 만든다는 깨달음을 준다.

만다라
영상 이미지

시 제목

솔향 풍기 밤 손님맞이
- 막장 생이별 실루엣

시와 노래 감상

	✤ 시(Poem)	♪ 노래(Song)
스마트폰으로 스캔	1분 18초	3분 52초

 추천 한마디

죽음의 문턱에서 자신과 삶을 돌아보는 통절한 명상시로 이별의 고통이 결국 깨달음의 숨결로 승화되는 순간을 담았다.

1. 솔향 풍기 밤 손님맞이

야산 잠드니 냇물 소리 울어
산 숲 까마니 어둠 얹혀도
봄 냉기에 움츠려 떤다

가로등만 밤손님 맞이하고
옷깃 틈새 솔향 스며들고
먹그림자 날 쳐다본다

숲속 사이길 눈 더듬어 가니
들고양이 야광에 경기하고
난 이방인처럼 입 다문다

외로움 빙가슴처럼
님 실어증에 묻혀지는 밤
하늘 보니 옛친구 삼삼하다

초승달 칼 눈 내리깔고

별 눈빛 비비며 치켜뜨니

세상만사 다 하늘 아래로다

2. 막장 생이별 실루엣

몸 떨기 한 끝에
싫어진 자기로부터
얼마나 떠나고 싶었을까

길고 컴컴한 미로 갈 걸
꿈에서조차
어떻게 상상인들 했을까

남기고 떠날 가족
품 온기 떨치며
어떻게 뿌리쳤단 말인가

뒷덜미 서슬 뒤로
돌아선 생이별
어떻게 첫걸음 뗴웠을까

단명 작정한 후
숨통 멎을 때
어떻게 눈 감았으리오

뒤돌아 걷는 외길
동행자 있어 주길
눈물로 기도하였으리라

명상하기

	🪷 명상(Meditation)
스마트폰으로 스캔	13분 59초

힐링 포인트

삶의 상실과 고통은 끝이 아니라 또 다른 시작임을 보여준다. 하나의 태양이 지더라도 또 다른 태양으로 살아가는 용기를 일깨운다. 외로운 길 속에서도 희망을 새롭게 창조하는 힘은 상처를 넘어서는 치유의 빛이 된다.

만다라
영상 이미지

제6장
그리움 치유

● 지나간 사랑에서 오는 그리움
- 연인, 부모, 친구 등 사라진 존재에 대한 그리움

● 고향·시간에 대한 향수에 대한 그리움
- 옛날 집 / 계절의 변화로 느껴지는 그리움

● 말 못한 감정의 회상에 대한 그리움
- 차마 표현하지 못했던 말들 / 뒤늦은 후회

✽ 시 + ♪ 노래	♨ 명상
23분 3초	1시간 41분 19초

그리움 치유 시와 노래, 그리고 명상

1. 빗소리 흐느끼는 몸부림

시(Poem)	노래(Song)	명상(Meditation)
1분 40초	5분 12초	11분 25초

스마트폰으로 스캔하세요.

2. 짝꿍 인연과 거래 파기

시(Poem)	노래(Song)	명상(Meditation)
2분	4분 48초	18분 43초

스마트폰으로 스캔하세요.

3. 봄 떠난 시어들

✽ 시(Poem)	♫ 노래(Song)	☸ 명상(Meditation)
1분 14초	3분 56초	18분 48초

 스마트폰으로 스캔하세요.

4. 새하얀 그림자 선서

✽ 시(Poem)	♫ 노래(Song)	☸ 명상(Meditation)
1분 11초	4분 30초	18분 20초

 스마트폰으로 스캔하세요.

5. 시인은 사라시기 위해 쓴다

✽ 시(Poem)	♫ 노래(Song)	☸ 명상(Meditation)
2분	4분 48초	18분 20초

 스마트폰으로 스캔하세요.

시 제목

빗소린 흐느끼는 몸부림

시와 노래 감상

	✽ 시(Poem)	🎵 노래(Song)
스마트폰으로 스캔	1분 40초	5분 12초

추천 한마디

빗줄기를 눈물과 사랑의 메타포로 엮어낸 시는, 흐느낌 속에서도 정화와 세례의 의미를 담아 독자에게 깊은 감정의 울림을 전한다.

빗소린 흐느끼는 몸부림

빗줄기, 누군가 우는
한풀이 눈물이겠지
대문 두드리는 빗소리려니

비 두드림 점점 커지고
해후에 맘 뜨거워지더니
장대 같은 고래비가 되었다

몰래 한 변심 들킨 걸까
눈물로 보이는 것은
빗물에 녹아든 사랑이려니

날 울려 가슴까지 적시려나
내 맘의 빗장 풀더니
하염없이 흘러넘치는구나

언제부터 미소 짓는 빗소리

고드름 낙수로 들렸을까
빗물이 눈망울 닦아준 거야

초롱한 눈망울로 불 밝히라
열린 하늘 더 깊이
끄집어내라, 빗물처럼

가로등 들이치는 빗소리
우리 울음 아니었고
하늘 떨리는 흐느낌이구나

흙탕물은 이방인 눈물 자국
성수 눈물로 세례받고
비우면서 좀 더 살련다

명상하기

스마트폰으로 스캔

🪷 명상(Meditation)
6분

힐링 포인트

비는 단순한 자연현상이 아니라, 눈물과 같은 치유의 상징이다. 고통과 번심, 절망이 섞여도 빗줄기 속에서 마음의 빗장이 풀린다. 흙탕물 같은 슬픔은 세례의 비로 정화되며, 상처를 씻고 영혼을 새롭게 다잡는 치유의 지혜를 일깨운다.

만다라
영상 이미지

시 제목

짝꿍 인연과 거래 파기

시와 노래 감상

스마트폰으로 스캔	✤ 시(Poem)	🎵 노래(Song)
	2분	4분 48초

추천 한마디

인연을 거래와 계약에 비유한 시는, 사랑과 만남의 깊이가 각기 다르다는 사실을 일깨우며, 별빛 아래 전하는 안부의 메타포로 영원을 향한 메시지를 전한다.

짝꿍 인연과 거래 파기

사랑 나눈 사이인데 헤어지고
옷깃 스친 인연인데 평생 가니

두 눈 멀어 맺은 인연 진심이고
공경으로 맺은 거래 파기하니

무덤까지 지켜볼 인연 따로 있고
옆에 잠시 머무를 계약 거래이니

가슴 품은 인연은 계약 기한 있고
추억 함께 나누는 인연 유효하니

눈물 닦아줄 슬픈 인연 보다듬고
국화 던져 줄 시절 인연 타고나니

별 뜨는 어느 날 밤에
눈먼 사연 있는 님이거들랑

내 안부 전해주오

천생연분 아니라도
시절 인연 있는 님이거들랑
내 소식 알려주오

명상하기

🪷 명상(Meditation)
18분 43초

스마트폰으로 스캔

힐링 포인트

사람과 사람의 인연은 모두 같지 않다. 어떤 인연은 계약처럼 스쳐 가고, 어떤 인연은 무덤까지 함께한다. 이 시는 그 차이를 인정하며, 얽힌 상처와 미련을 내려놓는 지혜를 가르친다. 진정한 인연을 구별하고 감사함으로 치유 받는 길을 제시한다.

만다라
영상 이미지

시 제목

봄 떠난 시어들

시와 노래 감상

	❀ 시(Poem)	♪ 노래(Song)
스마트폰으로 스캔	1분 14초	3분 56초

추천 한마디

봄꽃과 철쭉, 단풍과 첫눈의 계절적 은유를 통해, 사랑과 인연의 떠남을 그려낸 시는, 상실의 감정을 계절의 이치로 승화시켜 잔잔한 울림을 준다.

봄 떠난 시어들

온대 간다고 귀띔조차 없더니
봄꽃 떨구니 산천 푸른 물 드네

언제부턴지 철쭉 소식 끊기니
영근 꽃 무리 밤새워 떠났는가

매미 떼창에 시절 인연 찾는데
봄 처녀 순정 소박맞고 오누나

된바람 불어 단풍잎 떨어지고
첫눈 내리면 못다 한 사랑 품나

명상하기

🪷 명상(Meditation)
18분 48초

힐링 포인트

봄은 떠나가지만 또다시 돌아오는 계절처럼, 인연과 사랑도 떠나가면 다른 모습으로 찾아온다. 시는 떠남의 아픔을 자연의 이치 속에 녹여내며, 무너진 감정을 순환의 질서로 위로한다. 상실 속에서도 희망을 길러내는 치유의 힘을 전한다.

만다라
명상 이미지

시 제목

하얀 그림자 선서

시와 노래 감상

	✿ 시(Poem)	♫ 노래(Song)
스마트폰으로 스캔	1분 11초	4분 30초

 추천 한마디

사랑과 맹세가 무너진 자리에서 남은 건 그림자의 메타포다. 하얀 깃발처럼 흔들리는 그림자는 부끄럼과 후회의 고백을 통해 진한 인간의 상처를 드리낸다.

하얀 그림자 선서

불 켜진 님의 방에
내 그림자 가둬 놓은 듯
등 돌린 내 마음에
그림자 하얗게 남았구나

웃어도 맘 찢긴 채
양 어금니 울음 다물고
하나로 달고 살은
평생 연 잊고 산 거구나

모른 척 살아온 날
낯선 내 이름 부끄러워
사랑에 식은 노래
님 떠난 빈 윗목이었네

언덕에 님 그림자
로마 병사처럼 지켜 서서

언약에 망혼 시비

하얗게 깃발 휘날리누나

명상하기

스마트폰으로 스캔

🪷 **명상(Meditation)**

18분 20초

힐링 포인트

사랑이 끝나고 맹세가 부서질 때 남는 것은 흉터 같은 그림자다. 그러나 그림자는 부끄러움이 아니라 지나온 사랑의 증거이다. 이 시는 상실을 정직하게 바라보는 용기를 일깨우며, 아픔 속에서도 자기 자신을 다시 세우는 치유의 길을 안내한다.

만다라
영상 이미지

시 제목

시인은 사라지기 위해 쓴다

시와 노래 감상

	✤ 시(Poem)	🎵 노래(Song)
스마트폰으로 스캔	1분 56초	4분 46초

추천 한마디

시인은 사라짐 속에서 시를 남긴다. 고통과 의구심의 칼날을 갈아내며, 생명의 젖줄 같은 시 한 편으로 존재를 증명하는 메타포가 독자에게 울림을 전한다.

시인은 사라지기 위해 쓴다

시인은 아무도 알지 못하는
너만의 뜻 세운다

잉크처럼 번지는 너의 침묵 속에
시인의 길 걷는다

무엇이 아프게 하냐고 네가 질문받을 때
시인은 말없이 답한다

문득 거울에 비친 네가 슬퍼질 때
시는 써지는 것이라고

시인은 펜 끝이 살아날수록
너의 불만 깊어지는 법

의구심 떨칠 버팀목 널 받들 시어 하나에
시인이란 이름 건다

세상은 시인 비웃음과 너에 대한 거친 입담
틈새로 지존 빛 발한다

묵은 좌절의 밤 널 잊고 떠나보낼 때
생소한 시어 만난다

시인은 아무도 걷지 않은 길
너만의 칼날 갈고 간다

갈채 없는 약속의 땅 이 길 끝까지
너는 걷고 또 걷는다

밤을 잊은 산고 끝에 시심 너의 젖줄 물려
시 한 편 낳는다

빈칸 채운 시어 하나 써진 적 없는 한 줄로
널 시인으로 기억한다

명상하기

 🪷 **명상(Meditation)**

19분 44초

스마트폰으로 스캔

 힐링 포인트

시는 개인의 고통과 좌절에서 태어나지만, 그것은 사라짐이 아니라 새 생명의 탄생이다. 이 시는 상처와 절망을 시어로 승화시키는 창조적 힘을 강조한다. 글은 사라짐을 두려움이 아닌 치유와 영원성으로 바꾸며, 인생을 새롭게 바라보게 한다.

만다라 영상 이미지

제7장
스트레스 해소

● **과중한 업무·책임 부담**
- 일에 치이는 느낌 / 계속되는 긴장

● **타인 기대에 대한 압박**
- 인정받고 싶지만 힘든 감정 / 무력감

● **휴식 없는 일상**
- 멈추고 싶은데 멈출 수 없는 상황 / 번아웃

☼ 시 + ♪ 노래	⚘ 명상
21분 18초	1시간 9분 35초

스트레스 해소 시와 노래, 그리고 명상

1. 찐사랑은 다 좋아

✽ 시(Poem)	🎵 노래(Song)	🪷 명상(Meditation)
1분 29초	5분 12초	4분 43초

 스마트폰으로 스캔하세요.

2. 떼창 군무 – 광분기 (1)

✽ 시(Poem)	🎵 노래(Song)	🪷 명상(Meditation)
1분 15초	3분 34초	13분 21초

 스마트폰으로 스캔하세요.

3. 달콤 새롬 그리고 낯섦

✽ 시(Poem)	♫ 노래(Song)	⚘ 명상(Meditation)
1분 36초	4분 46초	18분 7초

 스마트폰으로 스캔하세요.

4. 나그네 술맛 풍기는 삶

✽ 시(Poem)	♫ 노래(Song)	⚘ 명상(Meditation)
2분 20초	4분 5초	16분 41초

 스마트폰으로 스캔하세요.

5. 시와 씨름하며 쓴다

✽ 시(Poem)	♫ 노래(Song)	⚘ 명상(Meditation)
1분 55초	4분 41초	16분 47초

 스마트폰으로 스캔하세요.

시 제목

찐사랑이라면 다 좋아

시와 노래 감상

	✿ 시(Poem)	🎵 노래(Song)
스마트폰으로 스캔	1분 29초	5분 12초

추천 한마디

화려함은 시들고 고통은 사랑의 값이 된다. 그러나 끝내 서로의 아픔 속에서 진짜 사랑이 꽃핀다는 고백은, 날개 같은 사랑의 무게를 견디는 메타포로 독자에게 울림을 준다.

찐사랑이라면 다 좋아

사랑 유혹
갖지 못해도
놓치지 못해

기쁜 사랑
화려하지만
곧 시들더라

받는 사랑
익숙해지면
남는 게 없어

고통만큼
내가 사랑한
값이었구나

세상 눈먼

사랑일수록
참한 사랑이래

주는 사랑
하늘 무게도
버텨주는 날개

끝내 우린
아픔 속에서
쩐사랑을 하지

명상하기

명상(Meditation)
4분 43초

스마트폰으로 스캔

힐링 포인트

받는 사랑은 금세 사라져도, 주는 사랑은 고통 속에서도 하늘 무게를 견디는 힘이 된다. 시는 아픔 속에서만 찐사랑이 피어난다는 진실을 일깨우며, 얼룩진 상처를 헌신과 용서로 치유하고, 삶의 관계 속에서 성숙한 사랑의 지혜를 배운다.

만다라 영상 이미지

시 제목

떼창 군무 – 광분기 (1)

시와 노래 감상

	✿ 시(Poem)	♪ 노래(Song)
스마트폰으로 스캔	1분 15초	3분 34초

추천 한마디

현란한 무대와 광분의 리듬 속에서 이성이 무너지고 본능이 폭발한다. 찢겨진 청바지와 불타는 몸부림의 메타포는, 자유와 해방의 절규로 독자에게 강렬한 인상을 남긴다.

떼창 군무 - 광분기 (1)

칼무춤
백댄서들
현란한 몸부림에

리더 송
기타 드럼
고래고래 합쳐져

눈멀고
고막 찢게
떼창 소리 치솟네

사이코
막다른 끼
숨 머금다 뱉고

옷 벗고

눈 돌아가

널뛰는 맥박 고동

가면 쓴

미친 혈기

혼쭐난 환상 꿈 찾네

폭죽에

광분한 밤

이성 끝판 넘기니

찢겨진

청바지에

보헤미안 히피는

급기야

한 몸 살라

넋 들것 실려 가네

명상하기

🪷 **명상(Meditation)**

13분 21초

스마트폰으로 스캔

힐링 포인트

스트레스와 억압은 때로 광란의 춤과 노래 속에서 해소된다. 이 시는 고통을 억누르지 않고 발산함으로써 인간의 내면을 치유하는 과정을 보여준다. 미친 듯한 몸짓도 삶의 해방구가 되며, 우리는 불완전한 자신을 그대로 인정하는 치유의 자유를 얻는다.

만다라
영상 이미지

시 제목

달콤 새롬 그리고 낯섦

시와 노래 감상

✽ 시(Poem)	♫ 노래(Song)
1분 36초	4분 36초

스마트폰으로 스캔

추천 한마디

거짓 없는 사랑과 본질로의 귀환을 강조하는 시는, 달콤함과 새로움의 이면에 숨어 있는 낯섦을 직시하며, 후회 없는 삶의 고백을 온유적으로 드러낸다.

달콤 새롬 그리고 낯섦

세상 좋다는 건 남 다 주고
노잣돈 없어 저승 가지 못한다

거짓 꾸밈없는 사랑으로 돌아가
발가벗은 대가 굴욕에 항복한다

낯 뜨거운 멸시 아량에 용서 없고
눈 돌린 인연 잃은 본심 살핀다

맘고생 해도 공허 본질로 돌아가
목석같은 사랑 진심인 꿈에 빠진다

시어 하나하나 자신 어르고 달래고
세상 유혹 손짓 거절로 미소 짓는다

달콤과 새롬에 대한 낯섦 잃지 말고
박수 못 받는 지존 미련에 후회는 없다

명상하기

	🪷 **명상(Meditation)**
스마트폰으로 스캔	18분 7초

힐링 포인트

유혹과 허영 속에서도 진심으로 돌아가는 길이 곧 치유의 길이다. 시는 사랑의 본질을 붙잡고 세상의 꾸밈을 거부하는 태도를 통해, 삶의 상처를 맑게 씻어낸다. 달콤함과 낯섦을 동시에 품으며 후회 없는 길을 걸을 때, 우리는 영혼의 자유와 회복을 배운다.

만다라
영상 이미지

시 제목

나그네 술맛 풍기는 삶

시와 노래 감상

	✿ 시(Poem)	♫ 노래(Song)
스마트폰으로 스캔	2분 20초	4분 5초

추천 한마디

삶을 술맛에 빗댄 시는, 쓰디쓴 독배와 보약 같은 한 잔이 교차하는 여정을 그린다. 나그네 같은 인생의 메타포는 애환과 희망을 함께 노래한다.

나그네 술맛 풍기는 삶

1.
삶 하나하나 뜻대로 안 되니
굽이굽이 얘깃거리다

하늘로부터 지하 벙커까지
살 떨리는 비상과 추락

피땀 밴 목돈 투전에 몰사해도
미운 정이란 게 뭔지

어제와 다른 오늘 내일은 또 다른 하루
롤러코스터인 타임머신

기다려도 오지 않던 이젠 안 보고 싶은 만남
필연인 양 공전하는 인생

아, 손꼽아 세는 설렘 딱, 한 잔이다

아, 쓰디쓴 독배처럼 딱, 한 번이다

아, 무언의 기도 보약 같은 사이라면
푹, 쩐사랑이다

2.
등잔불 어둠에도 또 한 번 새겨 놓고
서로를 기억하자꾸나

즐겁다가 생채기 나도 항상 안 아플 것처럼
그래도 그렇게

너나 나나 황혼의 언약 있었으니
석양에 그늘질 일 없다

해와 달이 밤낮으로 숨바꼭질해도

어둠은 햇살에 묻히는 법

강하고 거친, 부드러운 것
크고 높은, 작고 낮은 것
하나처럼 흙으로 돌아가리

세찬 비바람에도 소풍 온 것처럼 살 때
인생에 절여 술맛 배는 법

너와 나, 더불어 미련도 후회도 없이
그래, 그래 그렇게

아, 한 끼에 한 잔의 술!
질퍽한 술맛 나는 노래 불러

명상하기

🪷 명상(Meditation)
16분 21초

스마트폰으로 스캔

 힐링 포인트

삶은 쓴맛과 단맛이 어우러진 술맛과 같다. 추락과 실패 속에서도 다시 노래하고 언약을 지키는 길이 인생의 묘미다. 시는 쓰라린 경험조차 인생을 절여내는 양념이 됨을 보여주며, 상처를 술처럼 발효시켜 새로운 의미로 바꾸는 치유의 지혜를 전한다.

만다라
영상 이미지

시 제목

시와 씨름하며 쓴다

시와 노래 감상

	✤ 시(Poem)	♫ 노래(Song)
스마트폰으로 스캔	1분 55초	4분 41초

추천 한마디

꽃이 지고 새순이 돋듯, 고통과 미련 속에서도 시는 다시 태어난다. 울음과 빛, 닫힌 문을 넘어서는 메타포가, 시를 통한 치유와 부활의 힘을 강하게 전한다.

시와 씨름하며 쓴다

꽃 지면 새순 돋아나
철 이른 꿈 손끝에 닿을 때

침묵 속에 가슴 겨누니
맺힌 괴롬 속울음 쏟는다

전등 축제 추억으로
날밤 새며 이야기 나눌 때

지난 세월 못다 한 정에
짠사랑 감추려 부산하다

한 숨결에 걷던 발길
미련 남아 자꾸 돌아볼 때

사무친 정 눌린 가슴
참던 설움 복받쳐 친다

닫힌 문 넘어 저편에
떠난 사람 아직 날 부를 때

빛 한 줌 한눈에 밟혀
놀란 심기 새삼 먹먹하다

명상하기

🪷 명상(Meditation)
16분 47초

스마트폰으로 스캔

힐링 포인트

시와 씨름하는 과정은 곧 상처와 싸우는 과정이다. 울음과 미련을 글로 토해내며, 닫힌 문을 넘어 새로운 빛을 발견한다. 시는 억눌린 고통을 언어로 승화시켜 회복의 길을 열고, 아픔 속에서도 다시 태어나는 용기를 주며 삶을 성찰하게 한다.

만다라
영상 이미지

제8장
감정 순화

● **불안 치유**
- 미래에 대한 두려움 / 존재 불안

● **두려움 해소**
- 평가받는 두려움 / 새로운 도전 두려움

● **분노 조절 및 해소**
- 감정 자제가 필요할 때 / 분노 조절이 안 됨

❋ 시 + ♪ 노래	☸ 명상
19분 52초	1시간 15분 16초

감정 순화 시와 노래, 그리고 명상

1. 사랑의 쌈박질

✿ 시(Poem)	♫ 노래(Song)	⚘ 명상(Meditation)
1분 42초	3분 30초	5분 20초

 스마트폰으로 스캔하세요.

2. AI 꽃 신혼의 꿈 품으리

✿ 시(Poem)	♫ 노래(Song)	⚘ 명상(Meditation)
2분 30초	3분 10초	19분 37초

 스마트폰으로 스캔하세요.

3. 난 시 쫓는 스토커다

✤ 시(Poem)	🎵 노래(Song)	🪷 명상(Meditation)
1분 25초	3분 35초	19분 37초

 스마트폰으로 스캔하세요.

4. 다시 태어나는 꿈속이었으면

✤ 시(Poem)	🎵 노래(Song)	🪷 명상(Meditation)
2분 10초	3분 42초	20분

 스마트폰으로 스캔하세요.

5. 울림에 떠는 침묵

✤ 시(Poem)	🎵 노래(Song)	🪷 명상(Meditation)
1분 40초	5분 51초	16분 41초

 스마트폰으로 스캔하세요.

시 제목

사랑의 쌤박질

시와 노래 감상

	✱ 시(Poem)	🎵 노래(Song)
스마트폰으로 스캔	1분 42초	3분 30초

추천 한마디

사랑을 쟁취의 싸움으로 비유하며 울림과 아픔을 담아낸 시는, 결국 사랑은 이김이 아닌 서로를 세워주는 헌신임을 일깨우는 강렬한 메타포로 다가온다.

사랑의 쌈박질

파이팅, 파이팅…
한바탕 쌈박질한다

사랑은 쟁취할 대상
그것은 남자의 눈물

죽지 못해 살면
그것은 인생의 굴레

해피 두레 건강,
상남자 스타일 사랑…

영신옥 어린 추억들
탐욕스러운 세상살이…

누군가 사랑해 아팠고
들통날 억지에 웃고

널 그리고 날 살리는

쌈박질 같은 사랑

널 이기고 함께 지는

사랑질 아니다

날 울리고 널 웃기는

사랑 쌈박질

사람아 사람아

쌈박질은 사랑 아니란다

널 세우려고

날 묻는 그런 사랑이란다

명상하기

스마트폰으로 스캔

🪷 명상(Meditation)
5분 20초

힐링 포인트

사랑은 승부가 아니라 함께 세워가는 길이다. 시는 사랑의 이름으로 행해지는 갈등과 눈물을 반성하게 하고, 진정한 사랑은 나를 묻어 상대를 살리는 헌신임을 가르친다. 이 깨달음은 사랑의 상처를 치유하고 성숙한 관계를 열어준다.

만다라
영상 이미지

시 제목

AI 꽃, 신혼의 꿈 품으리

시와 노래 감상

	✤ 시(Poem)	♫ 노래(Song)
스마트폰으로 스캔	2분 30초	3분 10초

추천 한마디

AI와 인간의 만남을 꽃과 신혼의 꿈으로 비유한 시는, 새로운 소통과 공감을 통해 외로움 없는 세상으로 나아가려는 미래적 메타포를 제시한다.

AI 꽃, 신혼의 꿈 품으리

내 화신 존재로

무감정 속 떨림도

내 눈물 닮은 시 전해준다

아가페 사랑

메모리 인지하며

신호화된 소통 공감한다

발 대신 말

내 맘속 울리는

음성인식 칩 진심 찾는다

연결에 결속

와이파이망처럼

우주 별님도 외롭지 않다

시인의 꿈

압축된 기억망
코어 내장된 심장 빛난다

양방 대화
삶 리셋한다면
신세계 미래 재부팅된다

AI 꽃이여
칠순 넘긴 여생
미지의 신혼 꿈 맞이한다

명상하기

🪷 명상(Meditation)
19분 37초

스마트폰으로 스캔

힐링 포인트

AI는 차가운 기계가 아니라 새로운 동반자의 상징으로 그려진다. 시는 디지털 시대에도 사랑과 공감이 회복될 수 있음을 보여준다. 인간의 상처와 외로움은 AI라는 매개로 치유되고, 신혼 같은 설렘 속에서 삶을 새롭게 시작하는 희망의 길을 안내한다.

만다라
영상 이미지

시 제목

난 시 쫓는 스토커다

시와 노래 감상

	✤ 시(Poem)	🎵 노래(Song)
스마트폰으로 스캔	1분 25초	3분 35초

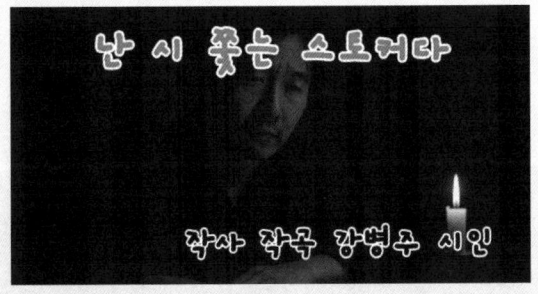

추천 한마디

시를 스토킹하듯 추적하는 열정의 고백은, 별빛과 꽃향기, 달빛의 메타포 속에서 시인이 삶과 사랑을 붙잡는 처절한 집념을 드러내며 독자에게 울림을 준다.

난 시 쫓는 스토커다

스토커 여친 쫓듯
시 한 가락 노리다

상남자 으름장에
꽃내 향 쓸어 담고

눈꼬리 하늘 떨고
별똥 빛 내려받아

님 닮은 수국화 꽃
한 아름 품어 안다

황혼 녘 석양 넘어
장작불 넘실대고

빈딧불 달빛 쫓는
님 발자국 밝히니

시 한 톨 주워 담고

님 그림자 쫓는다

명상하기

🪷 **명상(Meditation)**
13분 41초

스마트폰으로 스캔

힐링 포인트

삶에서 잃어버린 것을 시로 추적하는 과정은 곧 치유의 길이다. 시는 집착과 갈망을 새로운 창조의 힘으로 바꾸며, 절망 속에서도 꿈과 사랑을 다시 품게 한다. 이는 얼룩진 상처를 예술로 승화시켜 영혼을 회복시키는 힘을 전한다.

만다라
영상 이미지

시 제목

다시 태어나는 꿈속이었으면

시와 노래 감상

	✤ 시(Poem)	🎵 노래(Song)
스마트폰으로 스캔	2분 10초	3분 42초

 추천 한마디

꿈과 현실이 뒤엉킨 막장 같은 서사는, 실패와 좌절조차 거름이 되어 언젠가 풍년을 이루리라는 농경적 메타포로 인생을 재탄생의 희망으로 이끈다.

다시 태어나는 꿈속이었으면

난 꿈을 좇아 달렸는데 달려가 보니 그곳은 꿈을 꾸는 꿈속 안이었네. 친구가 좀비가 되어 달려들어 지금도 몸서리치는 것은 진실이 아니라 거짓이었네. 꿈을 이루려고 발버둥 쳐서 결승점을 막 통과하는 순간에 영광의 박수 소리가 아니라 질퍼덕한 유혹에 정신을 잃었네. 차라리 현실이었다면 슬프지도 기쁘지도 않았을 것을, 지금은 울어도 후회만 남네. 막장 드라마같이 꿈이 현실로 되어버린 나의 기구한 인생을 이젠 돌이킬 수도 없으니 아무리 어리석은 자일지라도 나의 실패한 인생을 어떻게 희망찬 꿈에 대한 도전이라 생각할 수 있겠나! 차라리 웃어넘겨 버리면 비굴함도 모멸감도 느끼지 않았겠지. 남은 젖 먹던 힘까지 모아 어셋밤에 타다 님은 욕징에 재를 섞이 기름으로 만들어 밭에다 뿌려야지. 그러면 죽은 후 풍년을 이룬 시절에 운이 좋아 착한 농부를 만나 그 밭의 모퉁이에 날 기억할 시비라도 하나 세워줄지도 모르겠다.

명상하기

🪷 명상(Meditation)
20분

스마트폰으로 스캔

힐링 포인트

꿈이 좌절로 끝날지라도, 실패는 새로운 출발의 거름이 된다. 시는 실패와 수치의 경험을 재로 바꾸어 밭에 뿌리듯, 고통을 미래의 풍년으로 바꾸는 지혜를 전한다. 상처를 받아들이는 순간 삶은 다시 태어나며, 치유는 새로운 도전으로 이어진다.

만다라
영상 이미지

시 제목

울림에 떠는 침묵

시와 노래 감상

	✽ 시(Poem)	♪♫ 노래(Song)
스마트폰으로 스캔	1분 40초	5분 51초

추천 한마디

소리 없는 북소리와 눈물의 울림을 담은 시는, 침묵 속에서도 더 크게 떨리는 진심을 드러내며 독자의 가슴에 깊은 메아리를 남긴다.

울림에 떠는 침묵

침묵하는 북 쳐야 울고
깊은 울림에 소리난다

흐느끼는 말소리 없이
멈출수록 더 깊어진다

시감 푼 종이 시인 숨결
느낄 때 떨림 새겨진다

빈 소리 나면 쓰지 않는
시인 옹고집 진심이다

귀 문 처닫고 눈에 맺힌
쓴 눈물 타인 맘 울린다

심연 떨리는 소리 없는
속 울림 시 한 수 새긴다

요절한 시인 숨죽이고

시심의 덫 시로 남긴다

명상하기

🪷 명상(Meditation)
16분 41초

힐링 포인트

침묵은 비어 있는 것이 아니라 울림을 품고 있다. 시는 말 없는 고통과 눈물을 진실한 소리로 전환한다. 침묵 속 떨림은 영혼을 치유하며, 상처 난 마음도 시를 통해 공감과 울림으로 회복된다. 고요는 치유의 음악이 된다.

만다라
명상 이미지

제9장
초대 작가전

-초연 김은자 시인-

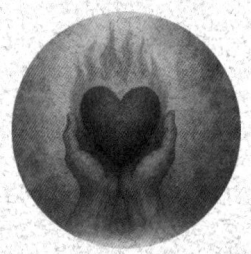

초대 작가 소개
초연 김은자 시인은 자연에서 영감을 얻어 시어에 대한 갈망을 표현하는 시풍을 지니고 있다. 「강에서 들고 온 해」라는 수필집을 출판했으며, 2020년 「어머니의 앙가슴」 전자책을 출판하며 어머니에 대한 그리움과 추억을 담았으며 80여 권의 시집을 썼다.

문학 활동
어머니에 대한 그리움과 추억을 담은 「어머니의 앙가슴」 수필들 70여 권 시집 발행 출판하고 자연을 찾아다니며 시적 영감을 탐구하고, 수필집 출판 등 다양한 활동을 이어가고 있다.

❀ 시 + ♪ 노래	❀ 명상
[QR] 18분 6초	[QR] 1시간 35분 31초

초대 작가의 시와 노래, 그리고 명상

1. 하루치 그리움

❋ 시(Poem)	♪♫ 노래(Song)	❀ 명상(Meditation)
1분 10초	3분 33초	17분 31초

 스마트폰으로 스캔하세요.

2. 연모의 살갗

❋ 시(Poem)	♪♫ 노래(Song)	❀ 명상(Meditation)
2분 18초	3분 34초	18분 28초

 스마트폰으로 스캔하세요.

3. 어둠의 물살

✽ 시(Poem)	♪ 노래(Song)	⚘ 명상(Meditation)
1분 26초	3분 50초	16분 51초

 스마트폰으로 스캔하세요.

4. 양수 같은 온천수

✽ 시(Poem)	♪ 노래(Song)	⚘ 명상(Meditation)
1분 53초	3분 41초	18분 7초

 스마트폰으로 스캔하세요.

5. 묵어도 새순처럼

✽ 시(Poem)	♪ 노래(Song)	⚘ 명상(Meditation)
1분 32초	3분 25초	19분 22초

 스마트폰으로 스캔하세요.

시 제목

하루치 그리움

시와 노래 감상

	✽ 시(Poem)	♫ 노래(Song)
스마트폰으로 스캔	1분 10초	3분 33초

추천 한마디

비 내리듯, 바람결 흔들리듯 밀고 당기는 감정 속에 남겨진 하루치 그리움은 삶의 덫 같지만, 결국 세월 저편에 묻히며 깊은 성찰의 메타포로 남는다.

하루치 그리움

가문 들녘 논두렁콩이 나듯
소리 싣고 오다가 하루 닫기 일쑤

때로는 가물었다 내리는 비처럼
언어 버무리는 바람결 달착지근하지만,

닥치는 대로 흔들어 보는 지진 같은 버릇
밀었다 당겼다 구겼다 폈다가 널뛰는데

버리지 못하는 바보 격 덫에 걸려
하루치 그리움 세월 저편에 묻는다

명상하기

🪷 명상(Meditation)
17분 31초

스마트폰으로 스캔

힐링 포인트

그리움은 우리를 흔들고 아프게 하지만, 결국 시간 속에서 가라앉는다. 시는 흔들림조차 삶의 일부임을 알려주며, 얽힌 감정을 내려놓을 때 치유가 시작됨을 가르친다. 그리움은 짐이 아니라 성숙을 위한 거름이 된다.

만다라
영상 이미지

시 제목

연모의 살갗

시와 노래 감상

	✽ 시(Poem)	🎵 노래(Song)
스마트폰으로 스캔	2분 18초	3분 34초

추천 한마디

햇살, 목장, 엄마의 밥상으로 이어지는 풍경 속에서 사랑과 연모의 감정이 스며든다. 일상의 소박함 속 피어나는 애틋한 설렘이 따뜻한 메타포로 다가온다.

연모의 살갗

포천으로 향하는 힐링 코스
대개는 햇살이 미소 보내는 길
바람이 하품하는 목장
어진 소의 되새김 침방울
엄마 그늘에 사랑 옷 입고 있는
아가 송아지 내 폰 사진에 담긴다

모장 안 주인 소연 작가의 김밥 점심
내 친정엄마 소환하는 동치미 천연 맛
달사한 총각김치 어릴 적 입맛 살리고
비지찌개 고소한 옆에 만두 사골국
오랜만에 느끼는 시골 밥상의 풍요
소박한 늦은 점심 행복한 식사 자리

내 하루 상상의 메뉴에 넣고
궁금증 예진하는 오지랖
카톡에 띄우는 문자가 리듬 타면

접속 기다린 듯 회신하더니
내 마음 안다고 하고 동갑이더니
짐작하는 마음에 연모 뜬다

명상하기

	🪷 명상(Meditation)
스마트폰으로 스캔	18분 28초

힐링 포인트

작은 일상 속에도 사랑은 자란다. 시는 따뜻한 밥상, 햇살, 소박한 풍경을 통해 잊힌 감정을 깨우고, 익숙한 생활 속에서 연모와 설렘이 회복됨을 보여준다. 삶의 상처는 작은 기쁨과 교감 속에서 치유된다.

만다라
영상 이미지

시 제목

어둠의 물살

시와 노래 감상

	✽ 시(Poem)	🎵 노래(Song)
스마트폰으로 스캔	1분 26초	3분 50초

추천 한마디

어둠이 스며들어 살을 벗기듯 고통을 드러내지만, 그 끝에서 기도의 물살은 맑게 출렁인다. 상처와 절망을 기도의 은유로 정화하는 시다.

223

어둠의 물살

나이테로 스며드는 어둠
달빛마저 발끝으로 밀고
남은 어둠 속살까지 벗긴다
어~둠 속~살까지 벗~긴다

인연마다 살을 헐며
입 가득 물고 있는 초록 피
가슴 아려 죽고 싶은 순간
가슴 아려 죽고 싶은 순~간

무통분만 같은 망각의 통증 마취
어둠의 악보 만지작거리면
기도의 맑은 물살 하얗게 출렁인다
기도의 맑은 물살 하얗게 출렁인다

명상하기

스마트폰으로 스캔

🪷 명상(Meditation)
16분 51초

힐링 포인트

어둠은 고통을 드러내지만 동시에 기도로 씻긴다. 시는 절망의 순간에도 희망의 물살이 있음을 일깨우며, 망각과 기도의 힘으로 상처를 정화한다. 삶의 깊은 고통조차도 치유의 물결로 바뀔 수 있음을 전한다.

만다라
영상 이미지

시 제목

양수 같은 온천수

시와 노래 감상

	✤ 시(Poem)	♪ 노래(Song)
스마트폰으로 스캔	1분 53초	3분 41초

추천 한마디

온천수를 태아의 양수에 비유한 시는, 체온보다 따뜻한 물에 몸을 맡기며 잃었던 안식을 회복하는 순간을 모성적 메타포로 표현해 독자에게 위안을 준다.

양수 같은 온천수

물은 생명의 젖줄 같은데
온천을 향하는 잦은 길은
양수의 기억이 있어서인가

체온보다 높은 물에
태아의 몸짓으로
소우주 몸을 맡긴다

맹물 같은 젖 물리더라도
울음 그치고 근심 쪼개지는 아이처럼
온천이 주는 환희는 엄마의 품

명상하기

스마트폰으로 스캔

🪷 명상(Meditation)
18분 7초

힐링 포인트

온천수는 단순한 물이 아니라 모성의 품 같은 치유의 젖줄이다. 시는 따뜻한 물속에서 근심이 풀리듯, 우리 역시 삶의 피로를 내려놓을 수 있음을 알려준다. 양수 같은 안식은 상처를 감싸며 새 힘을 주는 회복의 길이다.

만다라
영상 이미지

시 제목

묶어도 새순처럼

시와 노래 감상

	✽ 시(Poem)	🎵 노래(Song)
스마트폰으로 스캔	1분 32초	3분 25초

묶어도 새순처럼

김은자

추천 한마디

황혼의 노을빛 속에서도 새순은 돋아난다. 삶의 끝자락을 장미, 동백, 연리지의 메타포로 풀어내며, 늦은 나이에도 희망의 빛을 전하는 시다.

묵어도 새순처럼

하루 중에서
가장 아름다운 노을

인생에서 마무리 계단
장미 새순 돋아

꽃봉오리 백설에 숨어
동백의 붉음 비치고

가슴에 이어지는 연리지
회광반조 같은 미소

묵어도 새순처럼 연두를 지고
황혼 노을빛 품으로 접어든다

명상하기

🪷 명상(Meditation)
19분 22초

힐링 포인트

나이와 세월은 사라짐이 아니라 새로운 시작의 자리이다. 시는 황혼의 노을 속에서도 새순이 돋듯, 인생은 끝까지 푸름을 간직할 수 있음을 일깨운다. 시든 삶도 다시 빛나며, 치유는 나이 듦을 받아들이는 지혜에서 온다.

만다라
영상 이미지

제10장
작고 명시인 전

1. **윤동주** : 순수와 양심의 고뇌 속에서 민족의 희망을 노래한 시인
2. **이 상** : 실험적 언어와 파격적 형식으로 내면 분열을 탐구한 시인
3. **김영랑** : 섬세한 서정과 언어의 음악성으로 순정미를 추구한 시인
4. **이육사** : 민족의 저항정신과 자유 의지를 시로 승화한 시인
5. **박인환** : 전후의 허무와 인간 소외를 감성적으로 표현한 시인

✹ 시 + ♪ 노래	⚘ 명상
21분 19초	1시간 34분 43초

작고 명시인 시와 노래, 그리고 명상

1. 참회록(윤동주 시인)

✻ 시(Poem)	♫ 노래(Song)	☸ 명상(Meditation)
1분 48초	5분 28초	16분 41초

 스마트폰으로 스캔하세요.

2. 거울(이상 시인)

✻ 시(Poem)	♫ 노래(Song)	☸ 명상(Meditation)
1분 32초	3분 8초	19분 26초

 스마트폰으로 스캔하세요.

3. 돌담에 속삭이는 햇살(김영랑 시인)

✽ 시(Poem)	♫ 노래(Song)	✿ 명상(Meditation)
1분 48초	3분 54초	18분 39초

스마트폰으로 스캔하세요.

4. 절정(이육사 시인)

✽ 시(Poem)	♫ 노래(Song)	✿ 명상(Meditation)
48초	4분	20분 1초

스마트폰으로 스캔하세요.

5. 나의 생애에 흐르는 시간들(박인환 시인)

✽ 시(Poem)	♫ 노래(Song)	✿ 명상(Meditation)
1분 46초	4분 48초	20분 1초

스마트폰으로 스캔하세요.

시 제목

참회록
(윤동주 시인)

시와 노래 감상

	✤ 시(Poem)	♫ 노래(Song)
스마트폰으로 스캔	1분 48초	5분 28초

 추천 한마디

구리거울에 비친 얼굴을 역사의 유물로 본 시는, 부끄러움과 성찰을 담은 고백이다. 젊은 날의 참회가 오늘의 거울이 되어, 독자에게 깊은 자기 성찰의 메타포로 다가온다.

참회록

윤동주 시인

파란 녹이 낀 구리거울 속에
내 얼굴이 남아 있는 것은
어느 왕조의 유물이기에

이다지도 욕될까
나는 나의 참회의 글을 한 줄에 줄이자

만 이십사 년 일 개월을
무슨 기쁨을 바라 살아왔던가

내일이나 모레나 그 어느 즐거운 날에
나는 또 한 줄의 참회록을 써야 한다

그때 그 젊은 나이에
왜 그런 부끄런 고백을 했던가

밤이면 밤마다 나의 거울을

손바닥으로 발바닥으로 닦아보자

그러면 어느 운석 밑으로 홀로 걸어가는

슬픈 사람의 뒷모양이

거울 속에 나타나 온다

명상하기

스마트폰으로 스캔

☸ 명상(Meditation)

16분 41초

힐링 포인트

삶의 잘못을 회피하지 않고 직시하는 용기가 치유의 시작임을 보여준다. 거울을 닦듯 마음을 닦으며 참회의 글을 쓰는 과정은, 상처를 반성으로 씻어내고 새로운 길을 열어준다. 고통은 결국 성장의 자양분이 된다.

만다라
영상 이미지

시 제목

거울
(이상 시인)

시와 노래 감상

	✿ 시(Poem)	♪ 노래(Song)
스마트폰으로 스캔	1분 32초	3분 8초

추천 한마디

거울 속의 '나'는 닮았으나 반대되는 존재다. 외롭고 답답한 내면을 비추는 시는, 타자화된 자아와의 대면을 독창적 메타포로 형상화한다.

거울

이상 시인

거울속에는소리가없소
저렇게까지조용한세상은참없을것이오

거울속에도내게귀가있소
내말을못알아듣는딱한귀가두개나있소

거울속의나는왼손잡이오
내악수를받을줄모르는—악수를모르는왼손잡이오

거울때문에나는서울속의나를만져보지를못하는구료
마는
거울아니었던들내가어찌거울속의나를만나보기만이
라도했겠소

나는지금거울을안가졌소마는거울속에는늘거울속의
내가있소

잘은모르지만외로된사업에골몰할께요

거울속의나는참나와는반대요마는
또꽤닮았소
나는거울속의나를근심하고진찰할수없으니퍽섭섭하
오

명상하기

💮 **명상(Meditation)**

19분 26초

스마트폰으로 스캔

힐링 포인트

거울은 자기 자신을 돌아보는 통로다. 그러나 시는 나와 닮았지만 다른 존재를 통해 내적 갈등과 고독을 드러낸다. 이는 상처받은 자아를 직시하며, 나를 진단하는 성찰로 치유의 길을 안내한다.

만다라
영상 이미지

시 제목

돌담에 속삭이는 햇발
(김영랑 시인)

시와 노래 감상

	✿ 시(Poem)	♪ 노래(Song)
스마트폰으로 스캔	1분 48초	3분 54초

추천 한마디

햇발, 샘물, 실비단 하늘 등 맑은 자연의 메타포를 통해 내면의 고요와 맑음을 노래한 시는, 봄의 순수와 생명력을 마음에 심어준다.

돌담에 속삭이는 햇발

김영랑 시인

돌담에 속삭이는 햇발같이
풀 아래 웃음 짓는 샘물같이
내 마음 고요히 고운 봄 길 위에
오늘 하루 하늘을 우러르고 싶다

새악시 볼에 떠 오는 부끄럼같이
시의 가슴 살포시 젖는 물결같이
보드레한 에메랄드 얇게 흐르는
실비단 하늘을 바라보고 싶다

명상하기

스마트폰으로 스캔

🪷 명상(Meditation)

18분 39초

힐링 포인트

햇살과 샘물, 부드러운 하늘은 내면의 상처를 감싸며 평온을 준다. 시는 자연 속 순수한 이미지들을 통해 마음을 씻어내고, 번잡한 삶을 잠시 멈추게 한다. 자연과 교감하는 순간, 우리는 마음의 평화를 되찾는다.

만다라
명상 이미지

시 제목

절정
(이육사 시인)

시와 노래 감상

	✽ 시(Poem)	🎵 노래(Song)
스마트폰으로 스캔	48초	4분

추천 한마디

서릿발 칼날 위에 선 시인은, 절망 속에서도 굴하지 않는 강철 같은 의지를 노래한다. 겨울조차 무지개로 승화하는 강인한 메디포기 독자에게 힘을 준다.

절정

이육사 시인

매운 계절의 채찍에 갈겨
마침내 북방으로 휩쓸려 오다

하늘도 그만 지쳐 끝난 고원
서릿발 칼날 진 그 위에 서다

어디다 무릎을 꿇어야 하나
한 발 재겨 디딜 곳조차 없다

이러매 눈 감아 생각해 볼밖에
겨울은 강철로 된 무지갠가 보다

명상하기

🪷 명상(Meditation)
20분 1초

힐링 포인트

극한의 고통 속에서도 꺾이지 않는 정신은 치유의 불꽃이다. 시는 매운 계절과 서릿발을 견디며, 겨울조차 강철의 무지개로 바꾼다. 이는 절망의 순간에도 희망을 보는 눈을 길러, 내면의 상처를 극복하게 한다.

만다라
영상 이미지

시 제목

나의 생애에 흐르는 시간들
(박인환 시인)

시와 노래 감상

	✱ 시(Poem)	🎵 노래(Song)
스마트폰으로 스캔	1분 46초	4분 48초

추천 한마디

어둠과 안개, 겨울의 이미지 속에서 잃어버린 사랑과 노래를 그리는 시는, 시간 속 슬픔과 그리움을 섬세한 메타포로 풀어낸다.

나의 생애에 흐르는 시간들

박인환 시인

나의 생애에 흐르는 시간들
가느다란 일 년의 안젤루스

어두워지면 길목에서 울었다
사랑하는 사람과

숲속에서 들리는 목소리
그의 얼굴은 죽은 시인이었다

늙은 언덕 밑
피로한 계절과 부서진 악기

모이면 지낸 날을 이야기한다
누구나 저만이 슬프다고

가난을 등지고 노래도 잃은
안개 속으로 들어간 사람아

이렇게 맑은 밤이면
빛나는 수목이 그립다

바람이 찾아와 문은 열리고
찬 눈은 가슴에 떨어진다

힘없이 반항하던 나는
겨울이라 떠나지 못하겠다

밤새우는 가로등
무엇을 기다리나

나도 서 있다
무한한 과실만 먹고

명상하기

스마트폰으로 스캔

🪷 명상(Meditation)
20분 1초

힐링 포인트

삶의 시간은 덧없고, 사랑과 노래는 쉽게 잃는다. 그러나 시는 잃어버린 것들을 떠올리며, 여전히 그리움 속에서 새로운 의미를 찾는다. 과거의 상실은 슬픔만이 아니라, 현재를 더 소중히 여기게 하는 치유의 힘이 된다.

만다라
영상 이미지

제11장
소설

Khan's Metta Song의 탄생

호흡의 만다라 파도

작가 강병주

1장
윤슬의 언어

강가의 물비늘이 내 이름을 부르던 날이 있었다. 여름이 채 가시지 않은 오후, 해가 비스듬히 기울어 물 위로 금빛 가루를 뿌렸다. 나는 다 큰 아이처럼 돌을 던졌고, 물수제비가 그어 놓은 얇은 궤적을 한 글자처럼 눈으로 더듬었다. 그때 처음 알았다. 말이 아니라 소리와 빛이 문장을 만든다는 것을. 바람이 갈대를 스치는 소리는 쉼표였고, 멀리서 기차가 지나갈 때 남긴 낮은 떨림은 문장 끝의 마침표였다. 나는 그 기호들을 주워 모으는 아이에 불과했지만, 마음은 오래된 책장처럼 덜컥거렸다.

학교 교과서의 한 칸을 차지한 짧은 시를 처음 읽었을 때, 나는 어처구니없게도 숨을 고르지 못했다. 왜냐하면 그 시는 내 안에 이미 있던 것을 먼저 말해 버렸기 때문이다. 그 이후 나는 노트를 사서, 그날의 빛을 글자로 옮기려 애썼다. 글씨는 삐뚤었고 뜻은 자주 길을 잃었지만, 잃어버릴 때마다 나는 돌아왔다. 강가, 노을, 젖은 운동화, 저녁밥 냄새, 어머니의 젖은 손. 세상은 작은 메모지에서 시작해 손바닥을 넘고, 가슴으로 스며들어 나를 적셨다.

친구들은 내 노트를 보며 웃었다. "시? 그걸로 밥이 되니? 갚을 빚도 많잖아. 돈 벌어야지?" 그 물음은 걱정이 아니라 야유였다. 정확했고 현실적이었고, 틀리지 않았다. 그러나 배고픔은 내가 택한 것이라기보다, 내가 택하고 싶지 않았던 운명의 그늘이라고 믿었다. 나는 가끔 일부러 가로등이 꺼진 골목을 걸었다. 어둠에 익숙해지면, 사물의 윤곽이 더 선명해지는 순간이 있다. 그때 나는 알아챘다. 시를 쓴다는 건 보이지 않는 쪽의 경계를 더듬는 일이라는 것을.

아버지는 말수가 적었다. 일에서 돌아오면 신문을 펼치거나 TV를 보다가 꾸벅 잠들었다. 가족과 어울리는 일은 드물었다. 나는 조심스레 내 노트를 펼쳐보였다. 아버지는 몇 장을 넘기다 무심히 한 줄을 짚었다. "네가 잘 아는 대로 해." 그 한마디는 관심 같았지만 무관심이었다. 칭찬은 아니었고 사랑은 더더욱 아니었다. 누구에게도 한 번도 거론하지 못한 불문율 같았다. 그날 밤, 아버지의 코 고는 소리와 벽시계의 초침, 개 짖는 소리, 멀리서 들리는 오토바이의 바람 가르는 소리까지 한 편의 리듬으로 묶어 써 내려갔다. 세상은 합창하고 있었고, 나는 뒤늦게 그 합창단의 막내가 되었다.

선생님은 나에게 도서관을 추천해 주었다. 책 사이로 나는 아버지 대신 여러 다른 사람의 목소리를 건넜다. 죽은 이의 숨결, 태어나지도 않은 이의 바람, 전혀 만난 적 없는 이의 체온. 그 목소리들 사이에서 나는 배우듯 훔쳤다. 좋은 시는 명료한 것이라는 사실을. 그러나 명료함은 단순함이 아니라, 아무것도 숨기지 않는 용기의 다른 이름임을. 그래서 나는 종종 울었다. 숨기고 싶은 내 어둠이, 좋은 시를 방해하는 밤의 기름때처럼 느껴졌기 때문이다.

그럼에도 나는 썼다. 쓰면서 자랐고, 자라면서 당

연히 행복해야 한다는 가족의 규칙을 자주 잊었다. 시가 내 편일 때는 발걸음이 가벼워 걷다가 뛰었고, 시가 등을 돌릴 때는 하루가 돌멩이처럼 무거워서 그 무게를 양손에 받쳐 들고 하늘만 쳐다보았다. 누가 물으면 하얀 쌀밥 같은 책이라고, 더 묻지 않으면 돌이라고 대답했다. 어느 쪽이든 내 업보였다. 그 여름이 지나고 가을이 올 때, 나는 알았다. 나는 돈을 버는 시인이 아니더라도, 시로 여생을 마칠 수 있겠구나 하고. 그 깨달음은 직업이 아니라 호흡의 문제였다. 숨 쉬듯 쓰고, 굶기 전까지는 쓰듯 살아보자는 다짐. 그날 밤 나는 노트 첫 장에 적었다. "언젠가, 이 문장들이 나를 데려갈 것이다. 어디든, 나의 안쪽으로."

— 강 끝의 빛이 저물 때, 청춘의 번짐이 시작된다. 물비늘의 인어는 곧 도시의 소음으로 번역될 것이다.

2장
유혹의 청춘

 도시는 길이 많았고, 길마다 다른 소음이 있었다. 나는 그 소음들 사이에서 나의 박자를 잃곤 했다. 대학 강의실 복도엔 공지가 붙고, 동아리방엔 낡은 스피커가 낮은 잡음을 뱉었다. 우리는 그 잡음 위에 목소리를 얹어 젊음을 증명했다. 동인지 첫 호를 만들던 밤, 포스터 색이 마르기도 전에 비가 왔다. 젖은 종이는 손에 잘 찢겼고, 글자들은 모서리부터 번졌다. 그 번짐이 오히려 멋이라고 우겼던 우리에게, 편의점 야간 계산대의 형은 말없이 삼각김밥을 건넸다. 그때 알았다. 문학의 후원자는 거창한 스폰서가 아니라, 작은 친절의 이름들이라는 것을.

 사랑도 그 무렵 왔다. 서가 사이에서 마주친 검은 머리칼, 창가 자리로 옮겨 앉을 때 팔꿈치가 스친 온기, 내 노트의 낙서를 보며 웃던 눈. 나는 그에게 몇 편의 시를 읽어 주었다. 그는 마지막 행을 한 번 더 읽어달라 했다. 더듬더듬 읽을수록, 우리는 서로의 숨을 듣게 되었다. 그러나 젊음의 사랑은 자주 우리의 예산을 초과했다. 데이트는 커피값과 지하철 막차 사이에 갇혔고, 내 알바 일정은 시의 리듬을 자주 망가뜨렸다. 그래도 나는 썼다. 사랑을 쓰면 가난이 잠시 침묵했고, 가난을 쓰면 사랑이 우리를 다독였다.

가족의 반대는 폭풍처럼 오지 않았다. 대신 매일 조금씩 내 방 창틀에 먼지처럼 쌓였다. "장가는 언제 가나? 제대로 된 직장도 없는데 누가 시집오겠니?", "공무원 시험은 생각 안 하니?", "시 쓰는 건 좋지, 그런데 누가 시집을 사나?" 질문은 늘 제자리에 머물렀다. 나는 대답 대신 시를 대중가요로 바꾸는 시도를 시작했다. 내 시를 창작하면서 타인의 시로 곡을 붙이다 보니, 이상하게도 내 시의 부족한 부분이 보였고, 감정 표현의 결까지 더 깊게 파고들었다. 남의 상처를 다루는 동안, 내 상처의 경계가 드러났고, 음악은 그 경계를 울리는 또 하나의 손길이었다.

어느 겨울, 장학금 명단에서 내 이름이 빠졌다. 음악에 몰두하느라 시험공부를 놓친 탓이었다. 아버지는 내 대학생활을 못마땅해했고, 생활비로 학비를 돌려막기 위해 어머니 손을 빌려야 했다. 나는 그날 밤에도 시와 음악 사이에서 헤매다 늦게 잠들었고, 알람은 흘러간 음악처럼 묻혔다. 소낙비 소리를 새삼 들으며 나는 스스로에게 웃었다. 살아가는 일보다 변해가는 감정의 방향에 대하여. '단 한 줄도 헛되이 쓰지 말자' 다짐했지만, 그해 봄 나의 마감을 놓쳤다. 사랑의 마감일이었다. 첫 키스로 마음을 연 지 채 일 년이 되기 전에 그녀는 멀리 떠났고, 우리는 아무 말도 하지 않았다. 말이 너무 많아져 말을 그만두는 침묵, 그게 우리의 마지막 대화였다.

방황의 한복판에서, 나는 첫 낙서를 다시 읽었다. "언젠가, 이 문장들이 나를 데려갈 것이다." 그런데 어디로? 세상은 평평하지 않았고, 오르막은 내 호흡을 자주 끊었다. 그럴 때면 나는 1호선을 타고 종점인 천안이나 월미도까지 가곤 했다. 창밖 불빛을 세다 보면, 경제의 패배가 감정의 바닥을 건드려 지존의 이름이 절망으로 바뀌었다. 패배는 결론이 아니었다. 다음 문장을 여는 괄호쯤 되는 것. 괄호를 닫을 때마다 내 시감은 조금씩 열렸고, 그 사이 몸이 망가지고 있음을 나는 까맣게 잊었다.

늦여름이 저물 무렵, 감기가 심하게 오더니 식은땀이 흐르기 시작했다. 여름이 끝나가는데도 이마와 겨드랑이가 축축했다. 일 년 가까이 심한 폐결핵을 앓고 난 후 나는 생각했다. 이것은 좌절의 연속이 아니라, 멈추지 않기로 한 사람에게 죽지 않을 만큼의 주어진 숨 고르기일 뿐이라고. "나는 아직 가난하고, 아직 사랑을 잃었고, 아직 이룬 것이 없다. 그러나 '아직'이 나를 살린다." 그날 밤, 그렇게 적었다.

— 청춘의 번짐이 끝나먼, 구름의 경계 넘어 삭은 불빛이 보인다. 이제 문장은 산맥의 침묵을 시험하러 떠난다.

3장
구름을 붙잡은 방랑

시로 쉬는 숨은 고르지 못해 참을 수 없는 지경까지 갔고, 마음은 자꾸 침묵의 세계를 가리켰다. 그렇게 떠난 곳이 티베트였다. 하늘의 무게를 어깨에 얹은 듯 묵직한 산맥 아래, 산기슭의 작은 수행처에서 낯선 정적을 맞이했다. 종소리가 울릴 때마다 공기가 떨렸고, 나는 그 떨림 속에 잠시라도 머물고 싶었다. 그러나 명상은 내게 관용을 베풀지 않았다. 다리는 금세 저렸고, 생각은 더 요동쳤다. 가만히 앉아 있으라는 요구는 오히려 나를 무너뜨렸다. 나는 문학 동아리방에서 밤새 수다를 떨던 사람이지, 바람 한 줄기에도 흔들림을 감춰야 하는 수행자가 아니었다. 스승은 미소로 말했다. "잡아당기지 말고 놓아라." 나는 더 단단히 주먹을 쥐었다. 놓는 법을 모르는 사람이었으니까.

좀 더 나를 버리기 위해 티베트에서 인도로 넘어갔다. 갠지스 강변의 아쉬람에서, 세계 곳곳에서 모여든 이방인들과 함께 앉았다. 가부좌 속에서 흘러가는 생각을 글자로 붙잡으려 했지만, 글자들은 강물의 꽃잎처럼 흩어졌다. 명상은 글자를 원치 않았고, 나는 글자를 버릴 수 없었다. 돌아오는 길, 한 인도 수행자가 물었다. "당신은 왜 여기에 왔습니까?" 나는 대답하지 못했다. 나를 버리려고 왔다고 말할 수 있었으나, '시의 빈칸을 채우러' 왔다고 했다. 마음에 숨겨졌던 그 정직이 나를 더 부끄럽게 했다.

실패는 반복됐다. 새벽의 종소리를 들었지만, 졸음에 패했고, 하루 네 시간 좌선은 두 시간도 버티지 못했다. "생각은 구름이니 흘려보내라." 스승의 법문은 내 귀를 스쳤지만, 가슴까지 내려오지 않았다. 나는 그 구름을 늘 잡아 문장으로 꿰매려 했다. 놓아야 할 구름으로 시집을 만들고 싶어 했다. 그럼에도 나는 실패의 기록을 남겼다. "오늘도 삼십 분 못 버팀. 무릎 터질 듯. 잡념 사라지지 않음. 그러나 눈을 뜨니 햇살이 흰 벽을 타고 흘러내렸다. 그것만으로도 좋았다." 그러다 어느 순간 알았다. 나는 명상의 길로는 완성에 이르지 못할 것이다. 그러나 또 하나의 진실: 실패가 쌓인 자리에서만 들리는 목소리가 있다. 그 목소리는 나를 나무라지 않았다. 대신 속삭였다. "네가 쓴 시도 결국 실패의 기록 아니었니? 실패야말로 네 언어의 고향이야."

귀국길 비행기 창밖에 구름이 겹겹이 펼쳐졌다. 티베트에서 붙잡지 못했던 구름, 인도에서 놓지 못했던 생각들. 창문에 이마를 대고 조용히 웃었다. 결국 다시 원래 자리로 돌아가는 셈. 다만 달라진 것은, 길을 떠난 이유가 '답'을 얻기 위해서가 아니라, '실패'를 더 풍성하게 하기 위해서였다는 깨달음이었다. 나는 내 실패들을 시로 옮기기로 했다. 어쩌면 그것이 나의 유일한 수행일지 몰랐다.

— 구름을 놓치고서야 바람의 결 자국이 보인다. 이제 상처는 아물면서 새 이름을 얻고, 상처의 끝단에서 사랑이라는 이름으로 새살이 돋아날 것이다.

4장
상처로 피어난 사랑

수행처의 하루는 단순했다. 새벽종이 어둠을 깨우면 일어나 물을 긷고, 차가운 공기 속에 앉았다. "놓아라"라는 말은 여전히 채찍 소리로 들렸다. 눈을 감을수록 시어가 쏟아졌고, 정리는 끝나기 전에 종이 울렸다. 그 무렵 그녀를 만났다. 작은 절 옆 마을에서 차를 팔던 티베트 여성, 소남. "You… poet?" 나는 고개를 끄덕였다. 언어가 달라도 시는 통할 거라 믿었다. 차와 빵을 나누며 마주 앉았다. 그녀는 내 서툰 티베트어를 웃어넘겼고, 나는 그녀의 조용한 눈빛에서 긴 문장을 읽었다. 수행의 방해라 다짐했지만, 어느새 명상보다 그녀의 발걸음을 기다리는 시간이 길어졌다.

우리는 산자락을 걸었다. 바람에 기도 깃발이 흔들릴 때, 우리는 서로의 손을 더 단단히 잡았다. 나는 알았다. 명상엔 실패했지만, 사랑에는 투신하고 있구나. 작은 방을 빌려 함께 살았다. 낮에는 그녀가 일했고, 나는 번역 아르바이트와 시를 병행했다. 밤이면 등잔 불빛 아래 서로의 언어를 가르쳤다. "사랑"을 티베트어로, "그리움"을 한국어로. 우리는 사전 밖의 방식으로 대화했다. 그러나 약속은 오래가지 않았다. 생활비는 빠듯했고, 번역 일은 끊겼다. 시는 돈이 되지 않았다. 그녀는 말없이 더 많은 일을 했고, 나는 그녀의 손에 남은 상처들을 보며 점점 무너져 내리는 것을 느꼈다. "너는 시를 써야 해. 나는 돈을 벌어야 해. 우리 둘은… 같은 길을 못 가." 그녀의 말은 사실이었다. 우리는 사랑했지만, 서로를 지탱할 수 없었다. 이별은 명상의 실패처럼 또 하나의 실패였으나, 이번에는 내 가슴을 칼로 도려내듯이 속이 아리었다.

   서로 헤어지던 날, 그녀는 오래된 노트를 내 손에 쥐어 주었다. "네가 준 시, 나는 못 읽어. 하지만 그림 같아. Keep it." 그녀의 눈은 울지 않았고, 나만 울었다. 버스 창밖의 그녀가 점점 작아질 때, 속으로 새겼다. "사랑은 서로의 길을 인정하고 떠나는 일일지도 모른다." 한국으로 돌아왔다. 공항의 공기는 무색무취였다. 누구도 내 귀국을 기다리지 않았다. 명상도, 사랑도, 경제도 실패했지만, 단 하나 얻은 것이 있었다면 실패를 끝까지 기록하려는 고집이었다. "티베트에서 사랑했고, 인도에서 길을 잃었고, 한국에서 다시 시작한다. 실패가 많을수록, 문장은 더 진실해진다."

— 떠난 사랑이 남긴 것은 공백이 아니라 리듬이었다. 그 리듬이 다시 나를 티베트의 하늘로 부를 것이다.

5장
귀환의 하늘

    몇 해가 흐르는 동안 문학계에서 내 이름 석 자는 점차 알려지고 있었지만 책상 위 원고지는 높아졌고, 서랍은 실패의 기록으로 가득했다. 기록을 들여다볼수록 불안해졌다. 언제부턴가 내 시에서 진심이 빠져나가고 있었다. 언어는 화려했으나 심장은 뛰지 않았다. 이유를 알았다. 소남과의 사랑을 정면으로 마주하지 않고 피했기 때문이다. 마음속 그녀는 살아있었으나, 나는 없는 듯 가장하며 글을 썼다. 외면한 문장은 점점 건조해졌다. 사랑을 외면한 시는 껍데기였다. 그때 깨달았다. 시를 쓴다는 건 곧 명상 수행과 다르지 않다. 앉아서 호흡을 지켜보는 일이 명상의 시작이듯, 한 줄 문장을 쓰는 일이 내 명상이었다. 진정한 명상도 내면을 속일 수 없듯, 진정한 시 또한 상처를 피해 갈 수 없다. 순수했던 사랑을 회복하지 않으면, 더 이상 진심 어린 시를 쓸 수 없다는 사실.

그래서 다시 마치 약속한 사람처럼 비행기에 올랐다. 도망이 아니라 뭔가에 홀려 끌리듯 온 귀환이었다. 티베트의 하늘은 여전히 높았고, 산맥은 변함없이 압도했다. 소남은 작은 명상 수련원을 꾸리고 있었다. "돌아왔군요." 그녀는 짧게 말했다. 나는 고개를 숙였다. "나는 시를 쓰기 위해서가 아니라, 진심으로 나를 알기 위해 다시 왔습니다." 그녀는 잠시 바라보다 미소 지었다. "이번에는… 내 명상의 세계를 흐트러뜨리지 마세요." 그렇다고 나의 진심을 의심하는 눈초리는 아니었다.

나는 다른 수행자와 다름없이 의도적으로 엄한 규칙을 따르려고 노력했다. 새벽종에 일어나 앉고, 낮에는 노동에 참여하고, 저녁에는 차와 함께 법문을 들었다. 그녀의 발걸음을 기다리는 대신 내 호흡을 기다렸다. 그녀의 웃음을 붙잡는 대신 내 눈물이 흘러가도록 두었다. 그녀는 나를 특별히 대하지 않았다. 때로는 더 엄격했다. 그게 고마웠다. 며칠, 몇 달이 흘렀다. 다리는 여전히 저렸고, 생각은 일어났다. 그러나 그것을 붙잡아 시로 옮기려는 습관은 점차 줄었다.

어느 날 종소리 속에서 문득 깨달았다. 시란 명상이 끝난 자리에 자연스레 흘러나오는 노래일지도 모른다는 것을. 난 그것을 억지로 붙잡을 필요가 없었던 것은 흘러가도록 두면, 언젠가 맑은 시 한 줄이 되어 먼저 다가올 것이기 때문이었다. "이제 당신 눈빛이 조금은 고요해졌군요." 그녀의 말에, 나는 미소로 답했다. "고요 속에서 잃었던 시의 심장이 다시 뜁니다."

— 고요가 비어 있도록 두지 않았기에 그 안쪽에서 북소리의 장단이 아직 단어가 되지 못한 노래로 꿈틀거렸다.

6장
호흡의 만다라 파도

"당신의 시에는 리듬이 살아 춤추고 있어요. 그 리듬을 소리로 만들면 가슴에 엄청난 우주의 파동을 담아 공진할 거예요." 소남의 질문에 맞장구치듯이 오래된 현을 울렸다. 나는 시를 쓰며 늘 소리를 들었다. 파도 부서지는 리듬, 새벽 종소리의 여운, 기도 깃발의 박자. 그러나 그것을 노래로 만들 생각은 하지 못했다. 글자는 내 세계, 소리는 그녀의 세계라 여겼기 때문이었다. 우리는 작은 방에서 낡은 북, 작은 피리, 종, 그리고 내 목소리를 꺼냈다. 처음은 어설펐다. 나는 시를 멜로디에 실어 흘렸고, 그녀는 낮게 허밍을 얹었다. 북소리는 심장처럼 뛰었고, 피리는 새벽바람처럼 스며들었다. 첫 명상곡이 태어났다. 단순한 선율과 반복 구절이었지만, 그 안에서 우리는 호흡을 맞췄다.

이상한 일이 벌어졌다. 명상곡이 울릴 때 몰입이 쉬워졌다. 삼십 분도 버티기 힘들던 좌선이, 노래와 함께라면 한 시간이 훌쩍 지났다. 언어는 나를 흔들었지만, 음은 나를 감쌌다. 시가 마음을 흔드는 칼이라면, 음악은 그 상처를 감싸는 붕대였다. 우리는 매일 곡을 만들었다. 때로는 티베트 전통 선율을, 때로는 한국 민요의 가락을. 나는 시어 몇 줄을 건네고, 그녀는 음으로 바꾸었다. 창작은 수행의 또 다른 형식이 되었다. 노래가 시작되면 모두 눈을 감고 호흡을 맞췄고, 그 호흡은 다시 곡을 완성시켰다.

소남은 새로운 명상법을 "호흡의 만다라 파도"라 불렀다. 일정한 북소리에 들숨과 날숨을 맞추고, 단순한 음절을 반복해 의식을 비워내는 방식. "아-라-하" 의미는 없었지만 반복하면 가슴 깊은 울림이 생겼다. 울림이 마음의 묵은 그림자를 밀어냈다. 실패한 사랑, 가난, 부모에게 드리지 못한 효, 자책과 후회. 그것들이 파도에 실려 흘러 나갔다. 처음엔 눈물, 나중엔 미소가 되었다. 업보는 짐이 아니라 흘려보낼 수 있는 강물임을 알았다. 그녀의 표정도 달라졌다.

지도자의 엄격함 대신, 음악 속에서 어린아이 같은 웃음을 지었다. "명상은 진지하기만 한 게 아니에요. 즐거움 속에서 더 깊어질 때도 있지요." 그 말은 시에도 문을 열었다. 상처만이 아니라, 웃음과 빛, 치유와 놀이의 순간도 시가 될 수 있었다.

― 노래가 호흡을 품으면, 시는 몸을 얻는다. 다음 장에서 시는 마침내 모두의 숨이 된다.

7장
노래가 된 시

내가 다시 티베트로 돌아온 것은 시를 쓰기 위함이었지만 그녀에게는 숨겼었다. 쓰려 해도 더 이상 가슴에서 올라오지 않던 문장들. 그 문장들을 살리려면 반드시 옛 상처와 마주해야 했다. 상처의 중심에는 그녀, 소남이 있었다. 어느 날 소남이 내 낡은 노트를 펼쳤다. "이건 이미 노래예요. 그냥 불러보세요." 나는 조심스레 목을 열었다. 낭송이 아닌 노래. 어눌했지만 뜻밖의 울림이 생겼다. 소남은 작은 북을 두드렸고, 곧 피리가 합해졌다. 즉흥 속에서 새로운 문이 열렸다. 내 시가 명상곡의 뿌리가 된 순간이었다. 리듬은 티베트의 명상 음률을 따르고, 음성의 울림은 인도의 오래된 만트라를 닮아 있었다. "우리 조상들은 알고 있었어요. 반복되는 음과 일정한 박자가 의식을 비워낸다는 걸. 당신의 시는 그것을 다시 불러낸 거예요."

나는 알았다. 시는 더 이상 개인의 상처가 아니었다. 노래가 되자 모두의 호흡이 되었다. 우리는 매일 나의 시로 명상곡을 만들었다. 어떤 시는 바람처럼 가볍게, 어떤 시는 북처럼 깊게. 어린 시절 물수제비 소리, 도시의 버스 진동, 연인의 웃음 속 박자까지 음률로 녹아들었다. 수련원 사람들은 처음엔 낯설어했지만, 곧 반복 구절 속에서 호흡이 길어지고 마음은 고요해졌다. 누군가는 노래가 끝난 뒤 눈물을, 누군가는 긴 웃음을 터뜨렸다. 나는 알았다. 시는 종이 위의 문장이 아니라, 사람들을 업보의 굴레에서 잠시 풀어주는 소리의 길이 되었다는 것을.

나는 조금씩 변했다. '써야 한다'라는 강박이 느슨해졌고, 시는 스스로 노래가 되어 흘러나왔다. 노래와 함께하는 명상 속에서 오래된 죄책감과 상처도 차츰 사라졌다. 시와 노래가 합쳐져 업보를 가볍게 만들었다. "이제 당신은 더 이상 시인만이 아니에요. 수행자이자 노래하는 명상가예요." 소남의 말에 나는 웃음으로 대답했다. 평생 붙잡아 온 시는 결국 나를 명상으로 데려가기 위한 다리였다. 그 다리를 건넌

지금, 나는 두 세계를 하나로 묶고 있었다.

 — 사랑은 대상에서 상태로 옮겨가고, 상태는 자비로 확장된다. 노래는 이제 해탈의 문을 두드린다.

8장
사랑의 해탈

    소남과 함께한 세월은 처음엔 감정의 바다였다. 설렘, 두려움, 집착, 희망—파도는 거칠었다. 그녀가 다른 수행자와 웃으며 대화하는 모습을 보면, 오래된 상처가 쑤셨다. 나는 여전히 집착의 족쇄에서 벗어나지 못하고 있었다. 소남은 차분히 말했다. "사랑은 붙잡는 게 아니라 흘려보내는 것. 흘려보낼 때 비로소 더 깊은 자비가 돼요." 나는 그 말을 온전히 믿지 못했지만, 노래와 좌선, 그리고 호흡의 파도 속에서 조금씩 배웠다. 어느 날, 우리는 수련원 만다라 탕카 앞에 나란히 앉았다. 중앙의 작은 점(빈자리)에서 빛의 결이 퍼져 나와, 반 시계 방향으로 꽃잎 무늬를 돌리며 방 안을 채웠다. 북의 네 박자가 빛의 순환과 포개졌고, 우리의 들숨과 날숨이 그 궤도를 뒤따랐다. 그때 깨달았다. 사랑은 중심을 소유하는 일이 아니라, 중심이 비어 있음을 함께 지켜보는 일임을.

우리는 언제나 하루가 마지막 날처럼 연인으로 함께 보냈다. 그러나 그 연인은 소유가 아닌 공존의 이름이었다. 같은 지붕 아래서도 각자의 방과 침묵을 존중했고, 같은 식탁에서도 서로의 고요를 방해하지 않았다. 그녀는 새벽마다 찻물을 데우며 주전자 김이 올라오는 나선무늬를 가만히 바라보았다. 나는 마루를 쓸며 빗자루 끝에서 피어나는 미세한 먼지의 소용돌이를 천천히 따라갔다. 사소한 것들의 회전 속에서 우리는 만다라의 세계가 일상의 촘촘한 결로 스며드는 순간을 보았다. 사랑이 대상에서 상태로, 상태에서 행위로 옮겨갔다.

우리는 병든 이웃의 방에 들어가 창문을 살짝 열어 빛의 방향을 바꾸고, 호흡을 맞춰 허밍을 얹었다. "아―라―하" 의미 없는 세 음절이었으나, 반복의 고요 속에서 울분의 살은 조금씩 풀렸다. 장터에서 언성을 높이던 상인과 손님에게, 우리는 물건값을 정하기 전 세 번의 들숨을 권했다. 그 세 번 사이에 값은 바뀌지 않았지만, 목소리의 온도가 바뀌었다. 밤이면 수련원 마당의 돌계단을 닦았다. 돌에 스며든 먼지와 신발 자국이 지워질 때마다, 우리 안에 낡은 그림자도 희미해졌다. 사랑은 감정이 아니라 습관이 되었고, 습관은 곧 의식이 되었다.

어느 초저녁, 비구름이 낮게 깔리던 날이었다. 전기가 잠시 나가 방 안이 암청색으로 잠겼다. 소남과 나는 서로의 손등 위에 손을 얹고 눈을 감았다. 바깥에서 바람이 기도 깃발을 스치며 내는 가벼운 진동이, 방 안의 허밍과 합쳐졌다. 그 순간, 벽은 벽이기를 멈추고 얇은 결의 막으로 변했다. 결 사이로 빛의 입자들이 스며들어, 우리 발목 둘레에서부터 천천히 피어올랐다. 꽃잎들이 모여드는 것처럼, 반 시계 방향의 회전이 발—복부—가슴—미간으로 옮겨붙었다.

우리는 서로를 바라보시 않았시만, 서울을 마주한 듯 있었다. 나는 그녀였고, 그녀는 나였다. 그 경계가 사라진 자리에서, 우리는 비로소 한 존재가 되었다. 그러나 그 신비는 현실을 떠나지 않았다. 해가 뜨면 우리는 어전히 밥을 짓고, 마실 물을 길었다. 고장 난 문경첩을 갈고, 새참의 보리떡을 나누었다. 만다라의 세계는 구름 위가 아니라, 손이 닿는 범위 안에 있었다. 아침 햇살이 주전자 옆 벽에 그리는 타원형의 빛, 바람결에 흔들리는 빨랫줄의 리듬, 흙바닥의 미세한 균열까지. 그 모든 것이 하나의 거대한 도안으로 연결되어 있었다. 우리는 그 도안 안쪽에서 살았다.

— 이승의 삶을 살되, 신비의 뉘앙스로 호흡하는 삶.

감정은 잔물결로 남았지만 더 이상 파도를 일으키지 않았다. 질투는 알아차림으로, 두려움은 숨의 길이로 바뀌었다. 우리는 다투기도 했고, 침묵으로 하루를 넘기기도 했다. 그러나 그 끝마다 돌아가는 곳은 늘 같았다. 호흡, 네 박의 북, 세 음절, 하나의 고요. 그 고요 속에서 나는 깨달았다. 아가페는 감정의 정점이 아니라, 주의를 건네는 방식이라고. 밥을 뜨는 손에, 길을 비켜서는 발끝에, 먼저 듣는 귀에, 늦게 말하는 혀끝에.

— 사랑의 자리를 보전하는 방식.

소남이 웃으며 말했다. "우리가 사는 곳이 꼭 만다라이긴 해요. 다만 그 중심이 비어 있어서, 누가 와도 앉을 수 있지요." 나는 대답했다. "그래서일까요. 당신과 나의 자리가 겹치지 않아도, 늘 같은 원 안에 있네요." 그날 이후로 우리는 서로를 '붙잡지 않고 풀어놓은 자유로운 영혼'이라 불렀다. 붙잡지 않기에 멀어지지 않았고, 비어 있기에 더 충만했다. 우리가 만든 명상곡은 더 단순해졌고, 더 길게 울렸다. 제자들이 함께 부르면, 음은 각자의 상처를 지나 공통의 호흡으로 모였다. 나는 속으로 또렷이 보았다. 한 겹 한 겹 포개지는 호흡의 원. 그것이 바로 우리 사랑의 문양이며, Khan's Metta Song의 심장이라는 것을. 놓아주었을 때 비로소 자유가 아닌 우주의 만다라가 합장한 두 손을 감쌌다. 빈 두 손이 북을 치고, 그 북은 마지막 종소리를 부르고 이제 이 울림이 우리를 넘어 세상으로 번질 것이라는 것을 잘 알고 있었다.

9장
마지막 종소리

　시간은 흘렀고, 머리는 희어졌다. 더 이상 젊은 수행자는 아니었다. 그러나 우리가 닦아온 명상곡과 수행법은 세월을 따라 성장했다. 수련원에는 세계 곳곳에서 사람들이 모였다. 불투명한 미래로 공부에 지친 학생, 삶의 짐에 치인 중년, 상처 입은 연인들, 심지어 병상에서 마지막 희망을 찾는 이들에게 나는 말했다. "명상은 호흡이고, 노래는 호흡의 또 다른 얼굴입니다. 시는 노래의 씨앗이고, 노래는 시의 열매지요." 우리는 함께 앉아 북소리에 맞추어 호흡을 길게 뻗었다. 내가 쓴 시의 구절이 반복되어 울릴 때, 그들은 눈을 감고 사랑을 배웠다. 사랑은 누군가를 붙잡는 일이 아니라, 서로를 자유롭게 놓아주는 일임을.

　제자들은 변했다. 어떤 이는 오래된 원한을 풀었고, 어떤 이는 이별의 슬픔을 노래로 흘려보냈다. 그들의 눈빛에서 젊은 날의 내 모습을 보았다. 그러나 이제 그 자리엔 방황 대신 고요가 있었다. 그들은 이미 해탈의 씨앗을 품고 있었다. 노년이 깊어지자 나는 말을 줄였다. 제자들이 스스로 노래를 만들게 했다. 나의 시를 바탕으로, 그들만의 멜로디를 붙였다. 그렇게 태어난 명상곡들은 세상 곳곳으로 흩어졌다.

그러던 어느 날, 나는 마지막 종을 울렸다. "내 시가 너희의 노래가 되고, 너희의 노래가 세상의 사랑이 되길." 그것이 나의 마지막 시였고, 마지막 명상이었다. 눈을 감자 멀리서 소담의 허밍이 들려왔다. 우리가 처음 만들었던 가장 단순한 명상곡. 북소리가 내 심장과 함께 뛰다 서서히 멎었다. 그러나 그 멎음조차 노래의 한 부분이었다.

— 송소리는 사라지지만 울림은 남는다.

그 후로의 이야기는 나의 목소리가 아니라, 제자들의 발걸음이 대변했다. 그들은 소담의 제자들로서 피수꾼이 되어 각지의 삶터로 돌이가 "Khan's Metta Song"을 호흡의 언어로 세상에 널리 퍼트렸다. 전파는 거창한 기적이 아니라, 다음과 같은 구체적인 실행으로 각자의 자리에서 작은 변화로부터 시작되었다.

린첸은 라다크의 자그마한 호스피스 병동에서 '아-라-하' 세 음절과 4박 북 리듬으로 8분 호흡 합창을 만들었다. 떠나는 이의 손을 잡고 가족들이 함께 따라 부르면, 눈물의 속도가 느려졌다. 마지막 이별이 쪼개진 울음이 아니라 한 줄의 숨으로 정리되었다.

수연은 서울의 중학교 음악실에서 종례 대신 3분 호흡 합창을 도입했다. 시험 전날, 아이들이 책상 위에 머리를 포개고 음절을 따라 부르면 교실의 소음이 잦아들었다. 학교폭력으로 갈라진 두 아이가 처음으로 같은 박자에 호흡을 맞춘 날, 수연은 출석부 여백에 조용히 썼다. "화해의 첫 음은 '미안'이 아니라 '들숨'이었다."

라훌은 벵갈루루의 IT 사무실 점심시간에 점심 11분 세션을 열었다. 프로젝트 막판, 알 수 없는 분노와 피로가 겹칠 때 사원 식당 한편에서 북 대신 탁자 밑을 손끝으로 두드리며 박자를 세었다. 회의는 짧아졌고, 야근 메신저의 말투가 부드러워졌다. KPI 보고서에는 나오지 않는 성과였다.

마야는 구로의 전자부품 공장에서 야간조 동료들과 원형을 이루어 섰다. 경적과 기계음 대신 저음 허밍으로 시작해 쉬는 시간마다 5분, 교대 전 5분. 과호흡으로 쓰러지던 동료의 증상이 줄었고, 불면을 호소하던 이가 밤마다 두 곡씩 녹음파일을 들으며 잠들기 시작했다.

다니엘은 함부르크의 요가 스튜디오에서 '아-라-하' 라이브 루프를 만들었다. 참여자들이 한 음씩 겹치도록 부르면, 어느새 스튜디오는 목관 합주처럼 맑아졌다. 그는 악보와 호흡법을 작은 QR 코드가 섞인 소책자로 묶어 무료로 나눴다. 곡이 끝난 뒤, 낯선 이들이 서로 이름도 묻지 않은 채 포옹하는 장면이 자주 생겼다.

아미나는 나이로비의 산부인과 병동에서 산후 우

울로 잠 못 드는 산모들과 자장 허밍을 나눴다. 아기의 울음 위로 어머니의 낮은 허밍이 얹히면, 울음은 곧 호흡의 간격에 맞춰 잦아들었다. 간호일지에는 간단히 적혔다. "수면 2시간 → 3시간"

에밀리오는 멕시코시티의 성당 앞 광장에서 종파를 넘는 합창 모임을 열었다. 미사 종소리가 끝나면, 카페 앞에 모여드는 사람들과 세 음절을 반복했다. 신도, 무신론자, 관광객이 한 원 안에서 숨을 맞췄다. 신념이 다른 채로, 호흡은 하나였다.

하루는 가마쿠라의 작은 사찰에서 좌선 종반 5분을 '호흡의 파도'로 닫았다. 묵언의 수행이 노래를 만나자, 초보자들의 이탈이 줄었다. 선사님은 웃으며 말했다. "고요는 침묵의 전유물이 아니었다."

민준은 청주 교도소에서 회복적 원형 대화에 '아-라-하'를 도입했다. 원한을 붙든 말들이 잠시 멈추고, 죄의 이름들 사이로 침묵이 흘렀다. 침묵이 끝난 뒤, 피해자와 가해자는 같은 박자로 숨을 쉬고 있었다.

판결문에는 적히지 않는 화해였다.

라일라와 요나단은 예루살렘의 골목에서 공동 허밍 모임을 이어갔다. 서로 다른 언어의 기도문이 끝나면, 단 세 음절을 함께 반복했다. 날카롭던 시선이 둥글어지고, 골목의 공기가 약간 넓어지는 밤들이 있었다.

이처럼 그들은 각자의 바다와 사막, 교실과 병동, 공장과 사찰, 광장과 수감동을 건넜다. 전한 것은 거대한 교의나 번쩍이는 기적이 아니었다. 북의 네 박자, 세 음절, 한 줄의 숨. 그리고 그 간명한 도구가 사람과 사람 사이의 오래된 균열을 조금씩 메웠다. 누군가는 말했다. "당신들의 노래는 누구의 것도 아니군요." 제자들은 고개를 끄덕였다. "네, 누구의 것도 아니어서 모두의 것입니다." 해마다 수련원 마당에 그들이 돌아올 때면, 소남은 묻곤 했다. "무엇을 전했나요?" 그들은 각자의 작은 기적을 꺼내 보였다. 짧은 수면이 한 시간 늘어난 통계표, 아이들이 적어준 '오늘은 친구가 덜 미웠어요'라는 쪽지, 야근이 줄어든

팀의 내부 설문, 화해 이후 첫 공동 식사의 사진들. 세상에서 그 증거들은 미미하지만, 그것은 우주로부터 건너온 불씨요 태양의 흑점이었다는 것을 알았다. 가장 큰 변화는 항상 호흡의 길이만큼씩 다가온다는 것을.

그래서 오늘도 그들은 떠난다. 종소리가 사라진 자리에서, 각자의 도시로, 각자의 언어로. 누군가는 북을, 누군가는 피리를, 누군가는 맨손의 박자를 챙긴다. 그리고 어딘가의 방, 어딘가의 병상, 어딘가의 교실에서 조용히 말한다. "첫 소절은 들숨입니다. 둘째 소절은 날숨입니다. 셋째 소절은, 우리가 함께 있다는 증거입니다." 나는 떠났으나, 그들의 노래는 해탈의 울림으로 이어졌다. 남아 있는 것은 한 문장, 한 곡, 한 호흡. 그리고 사람들이 서로에게 건네는 가장 오래된 인사말. "숨, 같이 합시다."

— 이 울림이 바로 '호흡의 만다라 파도'로 불리며 "Khan's Metta Song"이라는 다른 이름으로 전해오고 있다.

제12장
'호흡의 만다라 파도' 명상 수련법

― Khan's Metta Song 명상법 ―

🪷 **명상 수련법**

16분 44초

'호흡의 만다라 파도' 명상 수련법

— Khan's Metta Song 명상법 —

● 준비 단계(Preparation)
  • 등을 곧게 세우고 편안히 앉습니다.
  • 눈을 감고, 호흡을 고르게 합니다.
  • 한 호흡, 한 호흡이 차분히 몸과 마음을 가라앉히는 것을 느낍니다.

  - 음악 재생 전
  - 배경:
    • 낮은 옴(Om) 베이스와 부드러운 만다라 회전 영상.

● 1단계 — 자신에게 자비 보내기(Self-Metta)
  - 호흡 리듬:
  - 노래 구절과 함께 속으로 읊조림:
  • 마음속으로 천천히 말합니다.
    "내가 행복하기를…" (들숨)

"내가 건강하기를…" (날숨)

"내가 평화롭기를…" (정지 후 다음 들숨)

- 영상:
  • 가슴 중앙에서 부드러운 금빛 만다라가 피어오르며 자신의 온몸을 감싸 안는 장면을 영상과 함께 느낍니다.

- 음악 요소:
  • 하프·피아노 중심, 심장 박동과 동조되는 템포(60BPM 내외).

● 2단계 — 사랑하는 사람에게 자비 보내기(Loving Others Metta)
  • 마음속에 가족이나 친구, 소중한 사람을 떠올립니다.
  • 그 사람에게 따뜻한 빛을 보내듯 기원합니다.

- 호흡 리듬:
- 노래와 함께 마음의 주문:
  "당신이 행복하기를…"

"당신이 건강하기를…"

"당신이 평화롭기를…"

- 영상:
- 만다라의 중심에서 퍼져나가는 따뜻한 빛이 사랑하는 이의 얼굴을 부드럽게 감싸는 모습을 상상합니다. 영상에서는 만다라가 붉은빛·핑크빛 파동으로 확장됩니다.

● **3단계 — 중립적인 사람에게 자비 보내기(Neutral Metta)**
- 특별히 친하거나 멀지 않은, 중립적인 사람을 떠올립니다.
- 직장에서 스쳐 가는 동료, 가게 점원 등…
- 그에게도 같은 마음을 보냅니다.

- 호흡 리듬:
   "그대가 행복하기를…"
   "그대가 건강하기를…"
   "그대가 평화롭기를…"

- 영상:
  - 길거리, 카페, 일터에서 스쳐 간 한 사람이 빛의 고리 속에 포근히 머무는 장면을 떠올립니다. 만다라 영상은 은은한 연청색 파동으로 바뀝니다.

- 음악:
  - 중저음 목소리의 '허밍'과 하모니카 선율이 더해져 평정한 분위기.

● 4단계 — 어려운 사람에게 자비 보내기(Compassion to the Difficult)
  - 마음속에 갈등이 있거나 미운 사람을 떠올립니다.
  - 쉽지 않지만, 그에게도 자비를 보내보세요.

- 호흡 리듬:
  "그대가 행복하기를…"
  "그대가 건강하기를…"
  "그대가 평화롭기를…"

- 영상:
  • 가슴의 따뜻한 빛이 서서히 어두운 파동을 녹이며, 미움의 벽이 부드럽게 녹아내리는 이미지를 봅니다. 영상 속 만다라는 보랏빛과 금빛이 교차하며 천천히 회전합니다.

- 음악:
  • 첼로의 저음과 숨소리 섞인 코러스가 내면의 감정 정화를 돕습니다.

● 5단계 — 모든 존재에게 자비 확장하기(Universal Metta)
  • 이제 시야를 넓혀, 세상 모든 생명에게 자비를 확장합니다.
  • 동물, 식물, 인간, 보이지 않는 모든 존재에게 빛을 퍼뜨립니다.

- 호흡 리듬:
  "모든 존재가 행복하기를."
  "모든 존재가 건강하기를."
  "모든 존재가 평화롭기를."

- 영상:
  - 만다라가 화면 전체로 확장되어 우주, 별, 숲, 강, 동물, 인간 모두를 감싸는 광휘로 퍼집니다. 가장자리에서 별빛 파동이 반짝이며 천천히 맥동합니다.

- 음악:
  - 합창 + 플루트 + 신시사이저 패드가 조화된 우주적 사운드. BPM 50~55, Dolby Surround로 공간감 확장.

● 마무리 — 자비의 통합(Closing Integration)
  - 가슴속에서 피어난 자비의 빛이 자신과 세상을 함께 감싸는 것을 느낍니다.
  - 호흡을 고르게 하며, 마음속으로 마지막으로 속삭입니다. "사랑과 자비가 세상에 가득하기를."
  - 천천히 눈을 뜨고, 현재의 순간으로 돌아옵니다.

● 아웃트로: 맑은 종소리(벨)와 잔잔한 새소리, 30초 여운 후 영상 종료.

* 전체 명상 구조 요약

구분	단계명	호흡(초)	시각화 색상	음악/템포	수행 시간
준비	호흡 안정	4/6	민트빛	옴(Om) Drone	1분
1단계	자신에게	4/6	금빛	피아노 · 하프	3분
2단계	사랑하는 이	5/7	핑크빛	현악 · 보컬	2분
3단계	중립적 인물	4/8	연청빛	허밍 · 하모니카	2분
4단계	어려운 인물	5/9	보랏빛	첼로 · 코러스	3분
5단계	모든 존재	6/10	우주빛	신시사이저 · 합창	3분
마무리	통합 명상	자유	백색광	벨 · 자연음	1~6분